나는
아이에게
미안해하지
않기로 했다

나는 아이에게 미안해하지 않기로 했다

불안을 넘어선 당당한 부모 노릇

이중천 지음

이룸북

차례

여는 글 부모가 간직해야 할 단단한 마음에 대하여 _8

1부 환상 – 강박 – 현실

1장 • 부모, 우리는 누구인가 _15
부모의 탄생 | 생물학적 부모와 사회학적 부모 | 부모 노릇의 어려움 | 무한대로 커지는 부모의 역할

2장 • 아이, 너희는 누구니 _24
아이의 탄생 | 아이의 위상이 달라지다 | 부모의 부담이 늘어나다 | 엄마가 뭘 알아! | 오랫동안 '아이'로 키우다

3장 • 내 아이의 머릿속이 궁금하다 _35
아이의 행동에는 이유가 있다 | 고반응성-저반응성, 기질은 변하지 않는다 | 미성숙한 전전두엽 피질과 샘솟는 도파민 | 아이의 뇌에서 일어나는 일 이해하기 | 화성 부모와 금성 아이 | 차이를 인식하고 이해하며 존중하기

4장 · 부모가 느끼는 불안감과 부담감 _48

환상 또는 오해로 시작하다 | 환상적인 결혼이나 육아는 없다 | 강박과 집착으로 이어지다 | 아이의 인생이 곧 내 인생? | 불안과 부담의 실체 | 부모 노릇과 경제력의 상관관계 | 비교라는 도구 버리기

5장 · 현실을 바로 보는 용기 _61

제대로 된 어른으로 키우고 싶다면 | 뒷전이 되어버린 '성장'의 가치 | 현실적인가, 현실적이지 않은가 | 구체적이고 분명한 목표 세우기 | 현실 위에 세워진 원칙이 가진 힘 | 좋은 어른 좋은 부모로 키우기

2부 부모 인문학 원칙

6장 · 부모 먼저 자신을 아는 게 중요하다 _77

네 자신을 알라 | 아이의 기질적, 생체적, 심리적 특성을 파악한다 | 내 아이를 알아야 길이 보인다 | 부모 자신의 기질적, 심리적 특성을 자각한다 | 부모의 상처가 아이에게 옮지 않도록 하자 | 부모와 아이의 교집합을 키운다

7장 · 실현 가능한 미래를 그린다 _97

포기의 미덕과 포기할 줄 아는 지혜 | 아이를 기르는 일에 완벽은 없다 | 실수와 시행착오를 거듭하며 나아가기 | 부모 노릇은 불가능에 대한 도전이 아니다 | 아이에게 미안한 마음을 거두자

8장 • 말높이를 맞춘다 _114

눈높이보다 말높이 맞추기가 더 중요하다 | 화가 나고 분노가 치미는 것을 부끄러워하지 말자 | 정당한 이유로 화를 내고 상황 조절하기 | 아이의 감정과 행동을 구분해서 판단한다 | 아이의 감정 이해하기 | 직접적이고 구체적이며 단호하게 가르친다 | 부모와 아이가 함께 만드는 기준과 규칙

9장 • 대접받고자 하는 대로 대접한다 _131

부모와 아이의 입장이 다르다 | 어린 시절을 돌이켜보자 | 아이에게 시키는 것은 부모도 지키자 | 위협과 윽박 말고 이해와 설득으로 소통하자 | 아이와 한 약속의 무거움

10장 • 자랑스러운 부모가 되는 지혜 _148

아이는 부모의 뒷모습을 보며 자란다 | 도대체 누구를 닮아서 저럴까? | 부모의 현재 모습이 아이의 미래다 | 엄마와 아빠는 서로에게 든든한 동지여야 한다

11장 • 이야기를 들어주고 편이 되어준다 _165

자기신뢰감은 저절로 생겨나지 않는다 | 부모의 믿음만큼 아이는 자란다 | 아이에게는 판검사가 아닌 의사나 산타가 필요하다 | 판단보다 위로가 먼저다 | 빈정거리고 조롱하고 비아냥거리지 않는다 | 아이를 무기력하게 만드는 방법

12장 • 습관의 힘 _184

습관은 쉽게 생기지도 않고 쉽게 버릴 수도 없다 | 아이에게 좋은 습관을 선물하자 | 경제관념을 심어주자

3부 사랑 – 신뢰 – 성장

13장 · 부모도 아이와 함께 성장한다 _199

공부하라 그리고 실천하라 | 아이에게 비친 부모의 모습 가다듬기 | 아이가 경험하고 깨닫고 실천할 수 있도록 돕자 | 삶의 문제를 해결할 능력이 있는 아이 | 품격 있는 아이로 키우자 | 좋은 사람이 행복하다

14장 · 사랑과 신뢰로 우리는 계속 나아간다 _216

일방적인 사랑도 희생도 없다 | 사랑이라는 이름의 욕심과 과잉 | 다른 아이도 내 자식만큼 귀한 존재다 | 아이와 부모의 공통분모는 사랑이다 | 사랑의 또다른 의미는 기회와 믿음

닫는 글   무엇을 줄까가 아니라 어떻게 떠나보낼까 _232
덧붙이는 글   미리 쓰는 편지 _238

여는 글
부모가 간직해야 할 단단한 마음에 대하여

> 우리가 아이들을 먹이는 것은 머지않아 그들 스스로 먹도록 하기 위함입니다. 아이들을 가르치는 것은 머지않아 그들이 우리의 가르침 없이도 사람이 되도록 하기 위함입니다.
>
> _《네 가지 사랑》, C. S. 루이스/이종태, 홍성사, 2005, 92쪽

판타지 소설 《나니아 연대기》를 쓴 유명한 영국 작가 C. S. 루이스가 한 말이다. 우리가 아이를 먹이고 입히고 가르치는 이유는 아이를 우리 품에서 잘 떠나보내기 위해서다. 부모의 보살핌 없이 자기 인생을 스스로 알아서 살아가도록 부모 노릇을 하는 것이다. 하지만 대부분의 부모는 아이 떠나보내는 것을 심각하게 생각하지 않는다. 갓난아기를 키우는 부모들에게는 더욱이 실감 나지 않는 말일 것이다. 그러므로 많은 부모가 '자식을 잘 떠나보낸다'는 의미를 제대로 알지 못할 수 있다.

누군가는 이렇게 말할지도 모른다. "벌써부터 그런 생각을 해야 하

나?" 부모는 아이를 보며 '무엇을 해줄까'를 생각한다. 물론 아이가 어떻게 커나갈지 걱정도 하지만, 좋은 것을 먹이고 다른 아이보다 더 많이 공부시키면 문제없으리라 기대한다. 부모 입장에서 보면 아이는 항상 받는 존재고, 받은 만큼 기대와 희망을 충족시켜주어야 하는 존재다. 부모가 주는 것은 사랑이다. 게다가 아무 조건 없이 주는 것이니 이 세상 그 무엇보다 큰 사랑이다.

부모는 자식과 맺는 관계를 사랑이라 믿는다. 하지만 그렇게 사랑을 쏟아 정성껏 보살폈음에도 많은 아이가 부모의 기대나 바람과 다르게 자라며, 부모가 그리는 그림의 주인공이 아닌 경우가 대부분이다. 주인공은 다른 아이가 차지하고 내 아이는 배경 노릇이나 하는 것 같다. 그런데 아이는 도리어 부모에게 항의하고 반항하며 불평을 늘어놓는다. "엄마 아빠가 내게 해준 게 뭔데요?"

까만 눈동자에 자그마한 손과 발을 꼼지락거리며 기쁨을 주던 아이가 원수처럼 저기 서 있다. 작고 연약한 아기를 돌보며 뜬눈으로 지새운 밤이 하루 이틀이던가? 성심으로 보살폈던 아이가 부모를 원망하고 있다. 우리보다 더 나은 삶을 살기를 바라며 지성으로 섬긴 아이가 "쾅" 하고 방문 닫는 소리와 함께 자기 방으로 사라져버린다. '내가 아이를 잘못 키웠나?' '저런 말과 행동은 아이가 잘못된 길로 가고 있다는 신호가 아닐까?' 먹이고 재우고 입히는 것만으로도 힘겨웠던 아이는 더 큰 불안감과 부담감을 가진 존재로 하루하루 커간다.

아이가 태어나면서 우리는 당연하고 자연스럽게 '부모'라는 이름을 얻었다. 그런데 막상 아이 뒤치다꺼리하며 바쁘게 정신없이 지내다 보면 부모라는 사실을 잊게 된다. 누구의 엄마 아빠로 불리기는 하지만 그 이름만으로 내가 부모라는 사실을 인식하기 힘들기 때문이다. 아이와 보내는 전쟁 같은 하루하루는 도리어 부모라는 이름표를 떼고 싶게 만들기도 한다. 그러면서 우리 머릿속에는 이런 생각이 자리를 잡는다. '영아기가 지나면 좀 편해지려나? 유아기가 지나면 걱정을 조금 덜 수 있겠지? 초등학교 보내놓으면 지가 알아서 하는 게 있겠지?'

아이와 함께 걷는 길은 높은 산을 오르는 것과 같다. 돌이켜 생각하면 가팔라 보였던 등산로 초입(영아기)은 평지였다. 갈수록 산은 깊어지고 울퉁불퉁 험한 바윗길이 곳곳에 도사리고 있다. 게다가 다리에 힘이 생겨 잘 걸을 것 같은 아이가 업어달라 조르고 더이상 못 가겠다며 버티기도 한다. 어르고 달래 한 걸음 더 내딛어보지만 또다시 깊은 계곡이 앞에 놓여 있다. 아이를 키우는 일이 그렇다. 산에 오를수록 힘은 떨어지는데 산세는 더욱 험해지고, 길눈이 어두운 아이는 길이 아닌 곳으로 발길을 들이려 한다.

부모라는 이름을 얻었을 때, 부부는 더 행복해지리라 믿었다. 아이가 생겼으니 더 행복한 가정을 이룰 거라 생각했다. 기대처럼 우리는 행복을 맛보았고, 또한 기대와 다르게 불행감도 찾아왔다. 때로는 불행감이 너무 커져서 부모라는 이름표를 떼어버리고 싶거나 육아에 대한 두려움과 불안으로 삶이 조각나는 것처럼 느껴지는 순간도 있다. 푸코의 진자처럼 아이를 두고 하루에도 몇 번씩 가슴 뿌듯한 충만감과 치밀어 오르는 화 사이를 오간 적이 한두 번이 아니다. 사랑으로 맺어진 인연(결혼)이 또다른 사랑(출산)으로 이어졌음에도, 우리는 왜 지속적인 행복과 충만감으로 나아가지 못하는 것일까? 이 책은 이런 질문으로부터 시작한다.

행복을 꿈꾸며 엉겁결에 부모가 되어버린 수많은 엄마 아빠와 마찬가지로, 이 글을 쓰는 필자도 유아기를 지나고 있는 딸아이의 아빠다. 일과 육아를 병행하며 경험하고 느낀 부모와 아이에 관한 생각을 책으로 썼다. 이 책은 교육가로서 전문적인 육아법을 전하는 것이 아니라, 인문학을 공부하고 이를 통해 세상을 바라보며 살아온 한 아빠가 쓴 '부모를 위한 인문학'이다. 철학, 윤리학, 역사학, 심리학의 토대 위에서 부모와 아이를 바라보고 부모로서 가져야 할 생각과 행동 원칙을 모색해보았다.

아이를 잘 기르기 위해 고민하고 고군분투하며 수십 년을 희생하는 부모의 입장을 대변하려 했다. 부모를 위한 것이 또한 아이를 위한 것이다. 아이를 옆에 두고 오랜 세월 고생해야 하는 부모로서 어떤 마음가짐, 태도, 기준을 가져야 할지 길을 찾아보려 노력했다. 좋은 부모가 좋은 아이를 만든다. 그런데 좋은 부모란 무조건 퍼주고 언제나 아이의 편익만 생각하는 게 아니다. 좋은 부모는 올바른 마음과 자세와 태도를 가진 부모를 말한다. 이런 믿음 속에서 부모라는 이름의 우리가 지녀야 할 현실적 기준과 원칙을 다룬다.

부모와 아이는 함께 산에 오르려 한다. 둘 다 처음 가보는 길이다.

부모는 이전에 자신의 부모와 함께 산에 오른 적이 있지만, 지금 올라가는 산은 그때의 산이 아니며 그전 산행에 대한 기억도 없다. 부모도 아이 때는 산에 오르는 그 길이 얼마나 소중했는지 알지 못했다. 예전에 내 부모가 그랬듯 부모가 된 나 역시 소중한 마음으로 산에 오른다. 그런데 아이는 부모가 지닌 소중한 마음에 별 관심이 없다. 마음 아프지만 현실이 그렇다. 그리고 산에 오르다 어느 순간에는 아이의 손을 놓아야 한다. 아이만 홀로 정상을 향해 떠나보내야 하므로 단단히 마음먹어야 한다. 부모가 간직해야 할 그 단단한 마음에 대해 이야기해보자.

1부

환상 – 강박 – 현실

부모, 우리는 누구인가

> 사람의 뒷모습 중에서 가장 아름다운 모습은 저녁놀이 온 마을을 물들일 때
> 아궁이 앞에 쭈그리고 앉아 마른 솔가지를 꺾어 넣거나
> 가끔 솔방울을 던져 넣으며 군불을 때는 엄마의 뒷모습이다.
> _ 시인 정호승

부모의 탄생

한 출연자가 방송에 나와 이런저런 이야기를 털어놓는데 어느 대목에선가 말하는 이도 보는 이도 눈물을 흘린다. "엄마"나 "어머니"라는 말로 시작되는 이야기. 그저 엄마라고 말했을 뿐인데 모두들 눈물이 맺힌다. 자신을 키우려 고생한 엄마 생각에 출연자는 말을 잇지 못하고 살아계실 때 더 잘해야 했다는 아쉬운 탄식이 이어진다. 그렇게 한바탕 눈물바다를 이루는 모습은 낯설지 않다.

어머니, 아버지, 부모님. 입에 올리는 것만으로도 미안함이 묻어나

며, 기쁨보다 안쓰러움으로 즐거움보다 먹먹함으로 이 단어를 가슴에 담는다. 그런 우리가 이제 엄마, 아빠, 부모가 되었다. 아비부父에 어미모母, 부모. 마음을 저리게 만드는 이들은 누구인가? 우리는 어떻게 부모라는 이름을 얻는가?

부모라 불리는 것은 아이를 낳아 기르고 있기 때문이다. 부모는 아이라는 존재로 생겨난 하나의 '신분'이자 '명칭'이다. 여자와 남자가 만나 사랑하고 결혼해 그 결실로 아이가 생기고, 아이는 우리를 엄마 아빠라 부른다. 아이를 낳기 전에는 부모라는 명칭과 신분이 어떤 것인지 잘 모른다. 하물며 부모가 되면 내 삶이 어떻게 바뀔지에 대해서도 전혀 모른다.

아이를 낳는 순간부터 맞닥뜨리는 일들이 부모라는 신분과 이름이 주는 엄청난 무게를 일깨워준다. 아이는 부모인 내게 수시로 뭔가를 요구하며, 단지 부모라는 이유로 합당한 때로는 부당한 일들에 관여하도록 만든다. 아이는 이성적인 요구도 하지만 감정적인 요구도 하며, 아이로 인한 즐거움과 기쁨에 수반된 고민과 걱정은 부모라는 신분이 노예나 몸종과 다르지 않다고 느끼게 만들기도 한다.

부모는 아이와 함께 평생 지니게 될 이름이다. 부모는 '생물학적'으로 아이를 낳은 존재에게 부여된, 아이가 있음으로 해서 부여된 자격이기에 아이가 없으면 부모가 아니다. 하지만 부모라는 신분과 명칭이 그렇게 단순하지가 않다. '낳아준 사람이 부모'라는 말에 모두 동의하겠지만 '낳은 것만으로 부모일 수 없다'는 말에도 동의할 것이다. 생물학적으로 누구의 부모이고 아이인지를 넘어서는 뭔가가 그 이름 속에 숨어 있다.

'누가 아이를 낳았는가?'도 중요하지만, 부모라는 말에 담긴 또다른 의미도 중요하다. '누가 아이를 길렀는가?' '누가 아이를 가르쳤는가?' 이런 질문 속 '누가'가 바로 부모라는 이름의 또다른 주인공이다.

생물학적 부모와 사회학적 부모

원초적 차원에서 보면 생물학적 부모는 단순히 '혈연관계'를 의미한다. 낳았기 때문에 부모는 본능적으로 자기 아이를 아끼는데, 이는 모든 동물이 지닌 본성이다. 엄마들이 "내 새끼"라고 말하는 의미 그대로다. 따라서 생물학적 부모는 혈연관계가 이끌어낸 자연적-본능적 지위를 뜻한다.

낳고 태어났다는 사실이 부모와 아이를 연결하는 가장 중요한 끈이지만, 그 끈만으로 부모와 아이를 묶을 수는 없다. 부모는 낳았으므로 길러야 한다. 아이는 부모의 보호 속에서 길러지고 자라난다. 그 과정이 부모와 아이의 관계를 새롭게 정의하는 중요한 부분이다. 부모가 부모일 수 있는 이유는 '낳았다' 말고 '기른다'는 데에서도 생겨난다. 부모라는 이름이 더욱 가치 있게 높여지는 것은 '기르는 부모'이기 때문이다. 때로는 낳아준 부모보다 길러준 부모를 더 높게 평가한다. 낳는 것도 힘들지만 기르는 것이 더 힘들어서다. 열 달 동안 엄마 배 속에서 자라 산고를 거쳐 태어나지만, 그렇게 태어나 부모와 살아가는 기간은 몇 십 년에 이른다. 부모가 세상을 떠나는 그 순간까지 부모와 자식의 관계는 계속 이어진다.

아이를 낳는 '생물학적인 부모'보다 더 중요한 일은 키우고 기르는 데 있다. 그렇다면 '낳는다'는 것과는 다른 '기른다' 또는 '키운다'는 것은 어떤 의미가 있을까? 길러준 또는 가르쳐준 사람은 부모라는 존재의 다른 측면이다. 부모 노릇이 힘든 것은 낳는 고통보다 키우는 어려움 때문이다. 여기서 생물학적 부모를 넘어선 '사회학적 부모'가 등장한다. 낳는 고통을 감수하고 더 나아가 아이를 잘 자라도록 기르는 일이 부모의 책임이자 의무다. 흔히 '부모 노릇'이라 말하는 바로 그것이다.

아이를 기르기 때문에 생긴 이름인 사회학적 부모는 '사회적 관계'를 의미한다. 아이가 태어나 부모와 맺는 관계가 '사회학적 부모'를 탄생시킨다. 사회학적 부모는 아이를 공동체가 제시하는 규율을 잘 지켜나가도록 가르치고 키운다. 공동체에서 요구하는 가치를 실현하고, 더 높은 지위에 올라가 좀더 풍요로운 삶을 영위할 수 있도록 자식을 가르치려는 것이다. 따라서 사회학적 부모는 '윤리적 부모'이자 '도덕적 부모'다. 또한 '생활의 다양한 방편을 가르치는 부모'이자 '삶의 지혜를 전수하는 부모'다.

생물학적인 부모는 아이의 탄생으로 자연스레 얻는 신분이고, 사회학적 부모는 아이를 길러내면서 생겨난 신분이다. 전자는 '존재' 자체만으로도 얻지만, 후자는 '행동'을 통해 얻을 수 있다. 전자는 아이가 있고 없음이 중요하지만, 후자는 부모 노릇의 유무가 중요하다. 전자는 낳았다는 행위에 책임을 지지만, 후자는 아이가 어떻게 자랐는가에 책임이 있다. 전자는 Be Parent 또는 Being Parent로 '부모가 되다'라는 의미고, 후자는 Do Parent 또는 Parenting으로 '부모 노릇을 하다'라는 의미다.

영어로 부모를 뜻하는 명사는 Parent나 Parents다. 이 명사가 동사 형태로 쓰이기 시작한 것은 1970년대 초 미국에서였다. 아동교육이 강조되면서 단어의 의미가 변해 아이를 낳은 사람에게 붙이는 명칭을 넘어 '아이를 잘 키우고 가르친다'는 행위를 포함하는 뜻으로 확장되었다. 부모라는 단어가 생물학적으로 아이를 낳은 사람을 넘어 아이에게 부모 노릇을 잘 수행해야 한다는 사회적 의미를 얻은 것이다.

부모의 탄생은 아이의 탄생에서 시작하지만 거기서 그치지 않는다. 아이가 자라듯 부모 역시 아이와 함께 성장한다. 아이가 커가면서 이것저것 배우고 경험을 쌓아가는 것처럼 부모도 그런 과정을 거친다. 이것이 바로 부모 노릇이다. 아이가 학교 공부로 어려움을 겪듯이, 부모도 부모 노릇이라는 너무나 어려운 역할을 평생토록 수행해야 한다.

어린 시절을 돌아보면, "나가서 부모 욕먹일 짓 하지 마"라는 말을 자주 들었다. 또 잘못된 행동을 하는 아이를 불러 "네 부모가 누구냐?"라고 묻는 어른도 있었다. 아이의 잘못이 곧 부모의 잘못이라는 인식이 강하게 작용하기 때문이다. 부모가 제대로 교육하고 기르지 못해서 아이가 잘못된 행동을 한다고 생각하는 것이다. 사회학적 부모 되기가 얼마나 어려운 일인지에 대한 방증들이다.

사람들은 예전보다 지금이 부모 노릇하기가 더 어려워졌다고 말한다. 출산과 양육에 관한 지식이 넘쳐남에도 불구하고 부모들은 어려움을 크게 호소한다. 예전처럼 아이를 대여섯씩 낳는 시절이 아님에도 그러하다. 이는 '생물학적 부모–사회학적 부모' 사이의 균형이 무너졌기 때문이다. 하지만 오늘날과 같은 환경에서 그 균형을 맞추기란 여간 어려운 일이 아니다. 이런 상황 속에서 우리는 부모 노릇이라는 어려운 과제를 풀어가야 하는 큰 도전에 직면해 있다.

부모 노릇의 어려움

《몰입의 즐거움》을 쓴 저명한 심리학자 미하이 칙센트미하이는 "부모 노릇을 한다는 것은 크게 봐서, 문명사회 안에서 살아갈 준비가 미처 되지 않은 어떤 개인의 성장 패턴을 바로잡아 주는 것"(《부모로 산다는 것》, 제니퍼 시니어/이경식, 알에이치코리아, 2014, 57쪽)이라고 말했다. 이는 '사회생활에 잘 적응해 살아갈 수 있도록 아이를 보살피고 키우는 것이 부모 노릇'이라고 풀이해볼 수 있다. 문장 뜻은 조금 쉬워졌을지 모르지만 부모 노릇의 막연함은 여전하다.

예전 어른들은 종종 "아이는 자기 혼자서 잘 큰다"거나 "아이를 대여섯씩 낳았지만 자기 밥그릇은 자기가 챙겨서 태어난다"는 말을 했다. 하지만 요즘 부모들 생각은 다르다. 내 아이를 보면 절대 혼자 잘 클 거라고 자신할 수 없다. 자기 밥그릇을 알아서 챙기고 살 수 있을지 걱정이 앞선다. 하루 세끼 밥을 먹는 것만 해도 감지덕지하던 때도 있었지만 이제는 그런 시절이 아니다. 지금은 의식주는 기본이고 이를 넘어서는 물질적, 정신적 풍요를 바란다.

전근대적 공동체 속에서 아이를 많이 낳을 수밖에 없었던 것은 피임법도 몰랐고, 다산多産과 남아선호가 지배하던 시대였기 때문이다. 그 시절 아이들은 부모의 세심한 관심을 받으며 자라기 어려웠다. 새로 태어난 아기가 부모의 주된 보살핌을 받았고, 자연스레 형과 언니가 되어버린 아이들은 아기와 다른 대접을 받았다. 그리고 아이들은 일정 나이가 되면 동생들을 보살피는 '대리 엄마' '대리 아빠' 역할을 맡았다.

불과 30-40년 전만 하더라도 시골에서는 동생을 업고 나온 언니나 누나를 쉽게 볼 수 있었다. 언니나 누나라고 해봤자 열 살 남짓 아이들이었다. 그 아이들은 우는 동생을 달래고 아기의 기저귀를 능숙하게 처리했다. 들로 산으로 일하러 나간 엄마와 아빠를 대신해 언니는 엄마 노릇, 형은 아빠 노릇을 해주었다. 큰형은 일정 나이가 되면 아버지를 따라 일을 배웠고, 큰언니도 엄마를 도와 밭일을 하고 이런저런 부엌살림과 허드렛일을 맡았다. 아이들은 순차적으로 자연스럽게 일을 배우며 아이 시기를 지나 어른으로 성장했다.

이런 환경 속에서는 부모 노릇이 한결 쉬웠을지도 모른다. 부모는 아이를 많이 낳았고 아이들은 차례로 부모에게 가르침을 받았다. 부모의 가르침은 또한 형제자매를 통해서도 전수되고 훈육되었다. 이 과정에서 형제자매 사이에 자연스럽게 위계가 생겼고, 부모를 정점으로 가정윤리의 체계가 만들어졌다. 바깥일과 집안일을 가르쳐주는 부모를 향한 아이들의 태도는 존중으로 이어졌다. 그런 존중의 태도는 큰

형과 큰언니로부터 작은오빠와 작은누나로 이어져 막내에게 전달되었다. 부모 외에 또다른 엄마와 아빠가 가정에 존재하면서 부모 노릇의 부담도 덜어낼 수 있었다.

물론 예전이라고 모든 가정이 이렇지는 않았다. 어디에나 편차는 존재한다. 다만 여기서 오늘날 아이 키우기의 어려움이 커진 주요 원인을 찾아볼 수 있다. 예전에는 부모와 어느 정도 나이가 찬 아이가 육아와 훈육의 부담을 나누어 부모가 일일이 간섭할 필요 없이 큰아이가 작은아이를 가르치고 보살폈다. 하지만 이제는 부모가 육아와 훈육의 모든 부담을 오롯이 지는 구조다. 갓난아기 때부터 대학 입학 때까지, 아니 취업하고 결혼할 때까지 심지어 그후로도 부모는 부모 노릇을 철저하게 해야 한다.

무한대로 커지는 부모의 역할

요즘처럼 부모가 부모 노릇을 하기 어려워진 데에는 대리 아빠와 대리 엄마가 사라진 까닭이 있다. 굳이 부모가 개입하지 않아도 해결되던 문제에 이제는 부모가 일마다 나서야 한다. 예전 아이들은 부모가 아닌 형제자매를 통해 많은 것을 배웠다. 하지만 지금은 부모가 하나하나 가려주고 대신해주어야 한다. 예전에는 아이들 사이의 시시비비는 아이들끼리 해결했지만, 이제는 부모의 몫이다. 그러면서도 형제자매를 통해 자연스레 형성되었던 부모에 대한 존중과 예절은 기대할 수 없다. 오늘날 부모는 부모로서 책임을 다해야 하고, 아이는 그 모든 것을 당연하게 여긴다.

부모 노릇이란 부모이기 때문에 져야 하는 책임과 의무를 말한다. 하지만 부모의 역할이 무한대로 커지는 상황에서는 부모 노릇의 한계를 가늠하기가 어렵다. 더욱이 부모의 역할이 커진 만큼 아이의 '아이로서의 기간' 역시 길어졌다. 오늘날 대부분의 아이들은 대리 엄마 대리 아빠의 역할을 맡지 않는다. 지금처럼 어른으로 성장하는 중간 단계가 완전히 사라진 상황에서 아이는 계속 아이로 머무른다. 부모가 부모 노릇이라는 굴레를 벗어나지 못하면서, 아이도 영원히 '아이 노릇'만 할 가능성이 높아져버린 것이다.

부모의 부담은 계속 커져간다. 아이가 아이로 존재하는 기간이 길어진 까닭이다. 부모가 아이와 관련해서 많은 부분에 책임이 있는 것은 맞지만, 모든 것을 의무로서 행할 수는 없다. 언제까지나 부모 노릇을 할 수 없음을 알면서도 그것을 놓지 못하고 있는 것이다. 아이에게 일정 정도의 어른 노릇과 부모 노릇의 책임과 의무를 넘겨주어야 하지만, 아이는 그 책임과 의무를 쉬이 받아들이지 못한다.

생물학적 부모로서의 자격보다 사회학적 부모로서의 역할이 더욱 중요하다는 점은 분명하다. 그러나 평범한 부모들에게 오늘날의 상황은 만만찮다. 부모가 자녀와 사회적 관계를 이끌어갈 수 있는 토대가 갈수록 줄어들고 있으며, 아이들은 예전과 완전히 다른 입장이다. 이제는 예전 아이들의 역할을 되살릴 수도 없다. 다음 장에서 완전히 바뀌어버린 아이들의 위상을 통해 부모 노릇하기가 얼마나 어려워졌는지 살펴보자.

아이, 너희는 누구니

아이는 먹을 권리가 있다. 아이는 놀 권리가 있다.
아이는 잠잘 권리가 있다.
아이는 꾸지람을 받을 권리가 있다.
_ 교육사상가 페스탈로치

아이의 탄생

　　　　　새빨간 얼굴에 작은 손을 꼭 쥔 아기가 태어난다. 이루 말할 수 없는 감동적인 순간이다. 산고를 겪은 엄마에게도, 탯줄을 자른 아빠에게도 잊을 수 없는 기억이다. 보석같이 빛나고 그 무엇과도 바꾸지 않을 내 아이에게 모든 것을 다 해주리라 다짐한다. 오물거리는 입매가 엄마 닮았네 길쭉한 눈이 아빠 닮았네 하며 기쁜 마음으로 잠이 들지만, 새벽 3시 아기가 칭얼대기 시작한다. 엄마가 일어나 부리나케 젖을 입에 물리지만 울음은 그칠 줄 모른다. 어제도 오늘도 내일도 새벽마다 아기는 울어댈 것이다.

눈에 넣어도 안 아플 것 같던 아기가 어느 순간 나를 부르는 저승사자처럼 느껴진다. 아기가 칭얼거리기 시작하면 부부는 서로를 쿡쿡 찌르며 어서 일어나라 채근한다. "그래 오늘은 내가, 내일은 당신이, 알았지?" 이제 시작일 뿐이다. 그러다 백일 무렵이면 신기하게도 새벽 울음이 그치기 시작한다. 이제 살 만해지나 싶다. 하지만 그때부터는 이유식을 만들고, 기어 다니기 시작한 아기가 머리를 찧지 않을까 여기저기 보호테이프를 붙이는 등 한시도 눈을 뗄 수가 없다. 걷기 시작하면 일이 더 커지는데, 혹여 넘어지지 않을까 싶어 아이 뒤만 졸졸 쫓아다녀야 하기 때문이다.

기쁨과 행복으로 충만할 것 같았던 아이의 탄생은 오히려 부모에게 큰 스트레스와 불행감을 안겨준다. 그런 생각을 하지 않으려 노력해보지만 아이를 기르며 맞닥뜨리는 여러 상황은 부모를 지치고 화나게 만든다. 그래서 아이에게 소리 지르고 때로는 매를 들기도 한다. 아기를 낳던 순간 가졌던 마음은 온데간데없이 사라지고 내 앞에 있는 '작은 악마'를 바라보면 깊은 한숨만 나온다. 부모는 아이를 스물 어쩌면 서른 살까지 책임져야 할지도 모른다. 학비뿐만 아니라 취직할 때까지 학원비며 뭐며 다 대주어야 한다.

50-60년 전쯤으로 돌아가보자. 그즈음 대도시가 아닌 곳에서 자란 사람들에게는 이런 기억이 있을 것이다. "봄이면 언니들이랑 들로 산으로 나가 나물을 캐고, 여름방학이면 논일하는 아버지와 오빠에게 새참을 날라주었지. 밭에 일하러 나간 엄마가 늦게 오시면 밥을 짓

고 국을 끓였어." "아침 일찍 일어나 여물을 쒀서 소를 먹이고는 등교했지. 방과 후에 꼴을 베고 산에 올라가 땔감을 주워오는 것도 내 몫이었어." "많든 적든 아이들도 자기 몫의 할 일이 있었지. 공부 잘하는 아이나 상급학교로 진학했고 나머지는 농사를 짓거나 대처로 나가 공장을 다녔어."

아이의 위상이 달라지다

불과 반세기 전만 해도 아이들의 모습은 대체로 이러했다. 부모의 보호와 보살핌을 받기는 했지만 그 기간이 상당히 짧았다. 공부 외에 다른 모든 일에서 면제되는 지금과는 상황이 상당히 달랐다. 나이가 많으면 많은 대로 적으면 적은 대로 아이들이 해야 하는 할당된 일이 있었다. 가난한 시절이었으니 대가족이 먹고살기 위해서는 부지런해야 했으므로, 부모를 따라 형제자매는 일을 배우고 함께 들로 산으로 나섰다.

아이들의 위상에 큰 변화가 나타나기 시작한 것도 그즈음부터다. 아이에 대한 인식이 변해갔다. 제2차 세계대전 이후 산업화가 가속화되고 대도시로 사람들이 몰리면서 아이들은 특별한 대접을 받는 존재가 되어갔다. 농촌사회에서는 주요 노동력을 제공하던 아이들이 도시에서는 유휴 인력 또는 잉여 인력으로 전환되었고, 부모가 직장생활을 하면서 아이들은 부양해야 하는 가족 구성원으로 바뀌었다. 물론 어린이의 인권 보호를 위한 많은 노력도 아이들을 과도한 노동으로부터 해방시키는 기폭제 역할을 했다. 또한 도시는 소가족 중심의 사회로 조부모-부모-아이의 3대가 아닌 부모-아이의 2대가 주를 이루었다. 도시생활에 맞게 자녀도 하나나 둘을 낳자 가정생활은 당연히 아이를 중심으로 돌아갔다.

아이들의 급격한 신분 변화는 불과 100년도 안 된 사이에 벌어진 일이다. 이전 아이들은 지금과 같은 여유로운 생활을 누리지 못했다. 그때는 아이들도 노동에 참여했다. 자신보다 어린 동생을 보살피거나 들로 산으로 나가 일을 했다. 산업화가 일정 정도 진행된 다음에도 광산이나 방직공장에서 일하고 거리의 좌판에서 물건을 팔았다. 페스탈로치Heinrich Pestalozzi나 방정환 같은 분들이 나서서 아이들의 인권을 위해 많은 노력을 했음에도 그 변화는 느렸다. 그러다 제2차 세계대전이 끝난 다음에서야 비로소 오늘날과 같은 '아이'라는 개념이 등장했다.

일하지 않고 상급학교에 진학하기 위해 공부와 취업 준비를 하며, 가족의 경제를 유지하는 부담을 부모에게 맡긴 사람, 이런 잉여적 존재를 '아이'라 부르게 되었다. 부모인 우리도 어린 시절에 대부분 잉여적 존재였고, 요즘 아이들은 더욱더 잉여적 존재로 지낸다. 물론 이런 아이들의 위상 변화가 잘못되었다는 뜻은 아니다. 다만 이 변화가 의미하는 바를 정확히 알아야 한다. 아이가 노동시장에서 완전히 배제되는 상황이 부모와 아이 사이의 관계도 완전히 바꾸어놓았기 때문이다.

부모의 부담이 늘어나다

　　　　　　　부모가 아이에게 일방적으로 모든 것을 해주게 된 것은 비교적 최근 들어서의 일이다. 한국의 경우 1970년대 이전의 상황을 살펴보면, 부모는 아이에게 일방적으로 주는 존재가 아니었다. 손에 농기구를 들고 양동이를 들 수 있게 되면 아이는 들로 산으로 부엌으로 일하러 갔다. 부모와 자식 간이라 해도 엄연히 주고받는 관계였고 아이들은 자신이 할 수 있는 범위 안에서 노동력을 제공했다. 부모 역시 아이를 쓸모 있는 노동력으로 간주했다.

　역사적으로 보면 산업화가 본격적으로 시작된 18-19세기에도 아이들은 상당히 유용한 노동력이었다. 손이 작은 아이들은 방직공장에서 엉킨 실을 풀거나 고장이 난 북(베틀에서 날실의 틈으로 왔다 갔다 하면서 씨실을 푸는 기구)을 재빨리 꺼내는 데 유용했다. 광산의 좁은 지하갱도에서도 작은 몸이 유리해 많은 아이가 석탄 캐는 일에 동원되었다. 멋쟁이 신사들의 구두에 광을 내는 것도 아이들 몫이었고, 거리에서 신문을 팔고 좌판을 벌이는 데도 가담했다. 그래서 아이의 수입이 어른보다 많은 경우도 종종 있었다고 한다.

　부작용은 심각했다. 15시간이 넘는 과도한 노동으로 죽음에 이르는 경우가 허다했고, 산업재해로 불구가 되는 아이들이 속출했다. 이런 가운데 어린이 노동에 제한을 가하는 법률들이 제정되면서 아이들의 처지가 조금씩 나아졌다. 또한 고도의 산업화로 전문성을 요하는 작업들이 등장하면서 산업현장에서 아이들의 자리가 사라졌다. 아이들은 전문성을 습득해야 일을 할 수 있기에 공부를 위해 학교로 향해야 했다. 농촌 아이들도 더 많은 돈을 벌기 위해서는 들이나 산이 아닌 학교에 가는 것이 더 나았다.

우리 부모님 세대부터 본격적으로 나타난 이런 변화는 부모와 아이의 관계에 큰 영향을 미쳤다. 일하는 아이가 점점 줄어들고, 아이는 부모의 전폭적인 지원 속에서 공부에만 매달렸다. 대여섯 살만 되어도 일을 도와야 했던 아이들이 부모의 도움으로 온갖 노동으로부터 자유로워졌다. 아이는 엄연히 한몫을 하는 노동력이 아니라 미래에 더 나은 부를 창출할 잠재적 노동력으로 그 신분을 인정받았으며, 공부 이외에 아이에게 부여된 의무나 책임이 완전히 사라졌다.

엄마가 뭘 알아!

노동에서 제외된 아이들을 최대한 교육시키기 위해서는 더이상 자녀를 많이 낳을 수 없었다. 오로지 부모가 벌어들인 수입만으로 대학 졸업 때까지 아이들을 먹이고 입히고 학비를 대야 했기 때문이다. 앞에서도 말했지만 입에 풀칠만 하던 시대를 지나 더 많은 돈을 벌고 더 나은 삶을 살기 위해서는 모든 가족이 개미처럼 일하는 구조에서 벗어나야 했다. 산업화와 도시생활에 적합한 출산과 양육이 부모와 아이를 지배하게 된 것이다.

예전에는 부모가 자녀에게 자신이 걸어왔던 길을 알려주었다. 농부는 농부의 길을, 상인은 상인의 길을, 선비는 선비의 길을 가르쳤다. 부모가 선생이자 길잡이였다. 그러므로 아이가 부모를 존중하고 따르는 것이 당연했다. 자라서 어른이 되더라도 그 위치와 입장이 바뀌지 않았다. 천기天氣와 지기地氣를 읽어야 하는 농부의 아들은 여전히 배울 게 많았고, 대장장이 아들도 아버지보다 쇠를 다루는 데 능숙하지 않았다. 또한 선비인 아버지가 행하는 모든 것에 아들은 절로 머리가 숙여졌다.

그 시절 부모와 아이 사이에는 일종의 노동윤리가 성립되어 있었다. 농부의 아이는 농사를 위해 해야 하는 일이, 선비의 아이도 글공부를 위해 지켜야 할 법도가 있었다. 상인의 아이는 아버지를 통해 셈법과 고객 응대법을 하나하나 익혔다. 부모의 말은 아이가 현재와 미래를 살아가는 데 귀중한 방편이었다. 배워도 배워도 배울 것이 많은 삶과 노동의 노하우를 부모가 제공해주었다.

따라서 부모는 존중과 존경의 대상일 수밖에 없었다. 부모는 나를 낳아 기르고 먹이고 입히며 앞으로 살아갈 삶의 방편을 가르쳐준, 곁에서 궂은일과 힘든 노동을 몸소 보여준 존재였다. 어린 시절부터 배운 노동윤리는 자연스레 가정윤리로 이어졌다. 아침 일찍 일어나 씻고 식사하고 일터로 향하는 모든 것을 부모와 아이가 함께했기 때문이었다. 나보다 먼저 부모에게 배운 형과 언니도 또다른 부모로서 가정윤리의 기틀을 마련하는 데 한몫했다. 부모로부터 먼저 익힌 삶의 도리를 동생을 업어주면서, 또 들로 산으로 데리고 다니며 알려주었다. 이런 과정을 통해 부모를 공경하고 형제자매 간에 우애를 다지는 일이 베어들었다.

이제는 이런 식으로 정립되었던 부모와 아이 관계로 되돌아갈 수 없다. 과거와 같은 노동윤리와 가정윤리를 더이상 기대할 수 없기 때문이다. 부모는 더이상 인생의 스승이 아니다. 오늘날에는 부모가 노동을 통해 아이에게 가르쳐줄 수 있는 방편과 가치가 없다. 부모-형제자매-막내로 이어지던 가정윤리의 사슬도 끊어진 지 오래다. 지금의 부모들은 우리 부모 세대가 걷지 않았던, 가지 못했던 길을 가라며 아이들을 뒷받침해준다. 부모와 다른 삶, 보다 나은 삶을 살라고 돈을 들여 학원과 학교에 보낸다. 이제 부모는 선생도 길잡이도 아니다. 선생으로서의 역할과 길잡이 노릇은 다른 사람이 맡는다.

부모는 자녀에게 과거와 같은 존중을 바랄 수 없다. 부모는 돈을 대주는 물주(物主)고, 혈연관계로 맺어진 후원자일 따름이다. 낳았다는 이유로 최소한의 예의만 필요한 존재로 전락했다. 요즘 아이들은 부모에게 이런 말을 한다. "엄마가 뭘 알아!" "내가 알아서 할 테니 엄마는 가만히 있어." 오늘날 아이들은 부모에게 배운 것도 별로 없고, 앞으로 배울 것도 별로 없다. 오히려 학교 선생님이나 학원 강사에게 더 많이 배우고 배울 것이다. 그러니 아이가 부모에게 핀잔을 주는 것이다. "모르면 가만히 있어. 잘 알지도 못하면서!"

오랫동안 '아이'로 키우다

오늘날 부모와 아이 사이에는 생물학적 연결 고리 외에 직업적-직업윤리적, 가정적-가정윤리적 연결 고리는 거의 사라졌다. 부모가 아이에게 줄 수 있는 기능적, 정서적, 윤리적 가르침이 사라지고 있다는 말이다. 또한 예전과 같이 부모가 아이에게 알려줄 노동의 노하우나 삶의 방편도 없다.

아이가 부모에게 보여줄 수 있는 것은 생물학적 존중감뿐이다. 미약하고 희미한 윤리-감정적 고리 이외에 삶을 지배하는 실천적 동아줄은 부모와 아이의 관계 속에서 완전히 사라졌다고 보아야 한다. 오늘날 부모는 '생물학적 부모'일 따름이다. '사회학적 부모'로서의 역할과 수명은 거의 다했다. 키우고 기르고 가르치는 일의 상당 부분이 부모가 아닌 다른 이의 몫이 되었다. 어쩌면 부모인 우리도 이를 당연하게 여기고 있는 것은 아닌지 모르겠다.

이런 현실이 부모와 아이의 관계를 왜곡시켜 이제는 생물학적 연결고리만 남은 부모와 아이 간의 '일방적 희생-기생관계'가 확립되었다. 예전에는 자기 몫의 노동을 담당하던 아이가 이제는 부모에게 완전하게 무임승차 중이다. 나름의 노동을 통해 존재감을 드러냈던 아이들이 컴퓨터가 있는 자기 방으로, 부모가 준 돈을 들고 학원과 패스트푸드 매장으로 사라진다. 아이에게 부모란 컴퓨터와 햄버거와 장난감을 대주는 존재, 취업을 위한 학비와 학원비와 게다가 유흥비까지 부담하는 존재로 그 가치가 줄어들고 있다.

영어와 수학 등 학과목은 학원 강사가 부모보다 더 잘 가르친다. 삶에 필요한 여러 규칙은 텔레비전과 친구들이 더 잘 알려준다. 엄마와 아빠는 "공부해!"라는 말 외에 특별히 중요한 이야기를 건네지 않는다. 이런 상황 속에서 부모와 아이 간에 큰 괴리가 생겼고, 서로 의견을 나누고 공감할 수 있는 여지가 현저하게 줄어들었다. 아이를 대하는 부모와 부모를 대하는 아이의 생각에서 교집합을 찾기가 힘들어졌다.

무엇보다 아이에게 투입되는 돈의 크기가 계속 커지고 있다. 부모가 아이를 부양해야 하는 기간이 갈수록 길어지기 때문이다. 1970년대 이전만 해도 아이들은 일정 나이가 되면 경제적으로 독립했고 이는 정서적 독립으로 이어졌다. 또한 동생을 돌보고 형과 언니를 따르면서 '어른-애'를 거쳐 어른으로 성장해갔다. 말하자면 아이들은 어른이 되는 법을 부모를 대신해 동생들에게 엄마 아빠 역할을 하면서 형제자매와 함께하는 공간에서 배우고 익혔다.

오늘날에는 부모가 아이를 '아이'로서 오래도록 키운다. 대학을 졸업하고 취직해 독립할 때까지 부모는 아이를 놓지 않는다. 경제적으로도 정서적으로도 요즘 아이들은 부모에게 전적으로 의존한다. 부모는 아이가 어른으로 성장할 수 있도록 해주어야 하지만, 그런 것을 가르칠 여력도 능력도 없다. 아이를 둘러싼 환경도 어른-애를 기대할 수 없는 상황이다. 몸만 커졌지 그 밖의 측면은 아이에 머물러 있는 어른이 많아지는 것도 그 때문이 아닌가 싶다. 여전히 부모에게 의존하고 매달리는 존재이니 아이가 아니고 무엇이겠는가?

예전에 아들은 아버지를 따르며 일의 요령과 도구 사용법을 배워 집 안팎의 웬만한 수리는 척척 해냈다. 딸은 어머니로부터 이런저런 집안일을 배우고 아이 기르는 법을 익혔다. 출산을 제외한 가정의 여러 일들을 어른이 되기 전에 습득할 수 있었다. 아들은 아버지의 역할을, 딸은 어머니의 역할을 어린 시절부터 간접적으로 경험할 기회가 주어졌다. 아이에서 어른-애로, 어른-애에서 어른으로 성장하는 과정이 자연스러웠다. 따라서 아이가 아이로서 대접받는 기간도 짧을 수밖에 없었다.

오늘날에는 학교에서도 학원에서도 아이들은 어른이 되는 법을 배울 수 없다. 기능으로서의 공부는 배울 수 있을지언정 노동윤리, 정서적 윤리, 효나 예의범절에 관한 공부는 중요하게 취급하지 않는다. 생활과 노동 속에서 습득하는 삶의 여러 가치로부터 부모도 아이도 멀어졌다. 지금 아이들은 어른이 되기 위한 훈련 과정을 거치지 않고 아이에서 곧바로 어른으로 진입한다. 이런 교육 환경과 사회 상황 속에서는 나이 들어가면서 몸도 커지고 기능적 지식은 늘어나지만, 어른으로서 살아가는 데 필요한 지혜는 부족할 수밖에 없다. 어른-애로 사는 중간 과정이 생략된 아이들은 '애-어른'으로 살아갈 가능성이 그만큼 높아졌다.

아이는 어른이 되기 위한 책임과 의무를 익혀야 한다. 예비 엄마와 아빠로서의 태도도 갖춰나가야 한다. 요새 심심찮게 벌어지는 부모에 의한 아동학대와 아동살해는 이런 책임과 의무를 배우지 못한 애-어른들의 자화상이라 할 수 있다. '애가 애를 키운다'는 말이 달리 나온 게 아니다. 어른으로서의 자격, 부모로서의 자격은 저절로 얻어지지 않는다. 그런데 지금 우리는 아이가 아이로만 머물기를 바라고 강요하는 시대에 살고 있는 것은 아닐까? 필자만 이런 생각을 하지는 않을 것이다. 우리는 오랫동안 부모의 보살핌을 받는 것이 아이들에게 행복한 일인지 진지하게 물어야 한다.

내 아이의 머릿속이 궁금하다

> 자연은 아이들이 어른이 되기 전에 어린이이기를 바라고 있다.
> 만약 이 순서가 바뀌면, 우리는 설익어서 맛이 없고
> 금방 썩어버리는 과실이 된다.
> _ 철학자 장 자크 루소

아이의 행동에는 이유가 있다

"세상에서 말을 제일 잘 듣는 아이조차도 부모에게는 인내력과 이해심을 시험하는 존재"라는 말이 있다. 세상 그 무엇과도 바꿀 수 없이 귀한 아이가 어느 순간 속을 뒤집어놓는다. 말을 안 듣는 것은 물론이고 기상천외한 장난으로 아연실색하게 만든다. 조금 더 크면 심지어 대들기까지 한다. 내 아이만 별난가 싶어 주위 사람들에게 물어보면 "우리 애도 그래요"라는 답이 돌아온다. 말을 잘 듣는 아이조차도 부모에게 걱정과 근심을 안겨주기 일쑤인데, 천방지축인

우리 아이는 뭐가 되려고 저러나 하는 걱정이 든다.

아이는 부모의 기대와는 다른 행동을 곧잘 한다. 방금 호되게 혼이 났음에도 뒤돌자마자 똑같은 장난을 반복한다. 위험하다 말리고 또 말리는데도 아랑곳하지 않고 달려든다. 뭔가 말하고 싶어 다가서면 아이는 자기 방으로 도망쳐버린다. 아이들은 왜 그러는 것일까? 도대체 아이의 머릿속에 무엇이 도사리고 있기에 그러는 것일까? 아이들의 이런 행동에는 어떤 이유가 있을까? 지금부터 아이가 보이는 행동과 반응에 숨겨진 기질적, 생체적, 심리적 이유를 살펴보겠다. 물론 아이들이 하는 모든 행동의 이유를 밝혀주는 답은 아니겠지만, 다음 이론은 시사하는 바가 크다.

고반응성-저반응성, 기질은 변하지 않는다

미국 오하이오 주 옐로우 스프링스에 있는 안티오크 칼리지Antioch College 펠스연구소에서 흥미로운 프로젝트를 진행했는데, 1930년대에 태어난 아이들 71명을 대상으로 발달에 관한 장기적 관찰과 연구였다. 생후 2-3개월부터 시작해 사춘기와 성인기에 이르는 동안 아이들에게 어떤 기질적, 심리적 변화가 나타났는가를 평가했는데 그 연구 결과를 살펴보자.

생후 첫 3년 동안 소심하고 수줍음이 많던 아이들은 성인이 되어서도 자기확신감이 없고, 부모나 배우자에 크게 의존했다. 이들은 위험한 취미를 즐기지 않았으며 어려운 도전을 받아들이려 하지 않았다. 또한 이들 중 상당수가 어른이 되어 교사나 학자와 같이 정적인 직업에 종사했다. 반면 생후 첫 3년 동안 겁이 없던 아이들은 위험한 취미에 스스럼없이 달려들었고, 나중에 불확실성이 큰 직업을 선택한 것으로 나타났다. 그들이 선택한 직업은 고교 축구팀 코치, 기업가, 자영업자, 엔지니어였다.

1989년부터 이루어진 장기 연구도 펠스연구소의 관찰과 유사한 결과를 보여주었다. 생후 16주가 된 아이 450여 명을 대상으로 하버드 대학교 심리학과 제롬 케이건Jerome Kagan 교수팀은 다음과 같은 실험을 진행했다. 그들은 동일한 생활 여건 속에서 태어난 아이들을 선택해 낯선 환경에 노출시켰다. 이상한 소리를 들려주고 또 자극적인 냄새를 맡게 했다. 그리고 밝은색 모빌이나 동물 모양의 봉제완구를 아이들 눈앞에서 흔들기도 했다. 이런 상황에서 어떤 아이들은 팔다리를 가만히 둔 채 웃는 모습으로 반응했고, 어떤 아이들은 사지를 버둥거리고 엉덩이를 들썩거리며 울음을 터트리는 등 서로 전혀 다른 반응을 보였다.

이 아이들이 자라서 사춘기에 이르렀을 때도 각각의 아이들은 뚜렷한 차이를 드러냈다. 낯선 환경에서도 별다른 반응을 보이지 않았던 아이들은 대부분 쾌활하고 적극적인 성격의 청소년으로 자랐다. 동아리 활동에 적극적이고, 여자아이들의 경우에는 축구와 같은 과격한 스포츠를 거부감 없이 받아들였다. 하지만 낯선 상황에 반응도가 높았던 아이들은 적극성이 떨어지고 얌전하며 앞에 나서서 뭔가

도모하기를 꺼려했다. 말수도 적고 얼굴 표정도 극히 제한적이었다. 장래 희망도 교사나 학자와 같이 정적이면서 불확실성이 낮은 직업을 선호하는 것으로 나타났다.

케이건 교수는 연구 결과를 토대로 아이들을 네 가지 범주로 구분했다. 첫째는 활발하게 움직이면서 자주 우는 아이. 둘째는 활발하게 움직이지만 거의 울지 않는 아이. 셋째는 움직이지는 않지만 우는 아이. 넷째는 움직이지 않고 울지도 않는 아기. 이 가운데 첫 번째 범주에 속하는 경우를 '고반응성', 네 번째 범주에 속하는 경우를 '저반응성'이라 정의하고 낯선 상황에 민감하게 반응하는 아이들을 고반응성으로, 민감하지 않은 아이들을 저반응성이라 불렀다.

중요한 점은 이런 반응의 차이가 사춘기를 거쳐 성인기에 이르기까지 꽤 지속적으로 뚜렷하게 나타나고 있음을 장기 연구를 통해 밝혀냈다는 것이다. 물론 이 두 가지 범주 구분이 모든 아이의 기질을 반영할 수는 없다. 두 번째와 세 번째의 경우처럼 완전히 구분할 수 없는 특징을 모호하게 가진 아이도 상당수다. 그럼에도 이 연구들이 알려주는 바는 기질이 아주 어린 나이에 이미 결정될 수 있다는 사실이다. 그리고 기질은 성인이 되어서도 거의 변하지 않고 유지된다는 점이다.

이런 결과는 아이를 키우는 부모 입장에서 아이를 보다 세심하게 살펴야 할 필요성을 제기한다. 아이가 기질적으로 어떤 성향을 가졌는지 파악하는 것은 앞으로 아이를 기르는 데 큰 도움을 준다. 아이의 반응성 정도에 따라 유아기-청소년기로 이어지는 성장 과정에서 어떤 특정한 패턴을 보일지를 예상할 수 있으며, 무엇을 보다 선호하고 어떤 행동에 애착 또는 혐오를 느낄지 예측할 수 있다. 또한 아이의 기질적 특징을 파악한다면, 이에 따라 무조건적 요구나 강압보다 아이의 선호에 맞는 대안을 모색할 수 있다.

이런 결정론적 시각이 거부감을 줄지도 모르겠다. 이 연구가 아이의 변화 가능성과 성장 가능성을 부인하는 결과로 받아들여질 수도 있기 때문에, 더 나아지고 발전할 수 있는 가능성을 차단하고 배제시킨다는 이유에서 부정적 입장을 취할 수도 있다. 하지만 연구를 진행한 케이건 교수는 고반응성과 저반응성이 아이의 좋고 나쁨을 증명하는 것이 아님을 인식할 필요가 있다고 설명한다. 물론 적극적인 아이가 더 긍정적이라고 가정한다면 저반응성이 우위라고 생각할 수 있지만, 적극적인 행동 양식이 반드시 좋은 것만은 아니다.

적극적인 행동이 가진 장점이 있는 반면 단점도 있다. 소극적인 아이가 부모에게는 못마땅해 보일 수도 있지만 장점도 많다. 저반응성은 대범함과 낙천성을, 고반응성은 침착함과 사려 깊음을 상징한다. 성장하는 과정에서 어떤 기질이 더 좋은 결과로 이어질지는 아무도 모른다. 자신이 가진 기질을 보다 효과적으로 계발啓發할 가능성이 높아야 좋은 어른으로 성장할 수 있다. 축구선수가 선생님보다 더 낫다고 말할 수 없고, 물리학자가 엔지니어보다 못하다고 볼 수 없다. 대부분의 부모는 아이가 보다 차분하고 사려 깊기를 원하며, 이런 말을 자주 한다. "아이가 자기 적성에 맞는 직업을 선택해 잘 살았으면 좋겠어요."

미성숙한 전전두엽 피질과 샘솟는 도파민

20년 전만 하더라도 뇌 연구에서 아이들의 뇌는 중요한 대상이 아니었다. 어른의 뇌와 별반 다르지 않을 것이라 생각했기 때문이다. 그런데 자기공명영상MRI 기술이 등장하면서 어른과 아이의 뇌가 다르게 작동한다는 사실을 확인할 수 있었다. 뇌를 구성하는 여러 기관과 그에 관여하는 물질이 어른과 아이의 뇌에서 차이를 보였는데, 아이의 뇌에는 덜 발달된 기관도 있고 어른이 되면 줄어드는 분비 물질이 아이 시절에는 과도하게 작용하는 경우도 있음이 밝혀졌다. 그렇다면 이런 뇌 기관과 물질이 아이들의 행동에 어떤 영향을 미치는지 살펴보자.

대표적으로 전전두엽(앞이마엽) 피질(겉질)을 들 수 있는데, 대뇌반구 앞부분인 전두엽(이마엽)의 앞쪽에 위치해 실행 기능 제어에 관여한다. 이 기관 덕분에 우리는 생각을 조직하고, 행동도 조절하며, 주의 집중도 할 수 있다. 전전두엽 피질은 유아기-청소년기를 거치면서 성숙하고 성인이 되어서야 온전해지는 기관이다. 우리가 아이들을 다루는 데 애를 먹는 이유가 바로 이 때문인데, 아직 성숙하지 못한 전전두엽 피질의 기능은 그대로 아이의 행동과 사고로 나타난다. 하지만 아이들은 자기가 주의 집중을 하지 못한다는 사실이나 자제력이 부족하다는 사실조차 전혀 알지 못한다. 따라서 전전두엽 피질이 아직 발달하지 않은 어린아이는 자신을 사로잡는 모든 사물에 관심과 호기심을 가지고 탐구하며 또한 전혀 거리낌이 없이 행동한다.

어른이 아이의 눈높이를 맞추기 쉽지 않은 데에는 다 이유가 있다. 아이를 어린이집이나 유치원에 데려다줄 때를 생각해보자. 아니면 급한 일로 빨리 외출 준비를 해야 하는 상황을 그려보자. 옷을 갈아입히고 양말과 신발을 신기려 할 때, 아이는 엄마와 아빠를 정말 힘들게 만든다. 옷을 가지고 장난을 치고 자기가 양말을 신겠다고 하고서는 손에 쥐고 딴짓을 하기 일쑤다. 신발을 신다가는 갑자기 드러누워 일어나려 하지 않기도 한다.

화내지 않으려 노력하지만 아이는 자주 부모의 인내력을 시험한다. 세상살이가 덜 고달픈 이유는 주위 사람들의 행동을 어느 정도는 예측할 수 있어서다. 하지만 어떤 반응을 보일지 예측할 수 없는 사람과는 갈등을 빚고 때로는 싸우기도 하는데, 우리를 피곤하고 힘들게 하기 때문이다. 바로 아이들이 그런 경우다. 아이들은 예측 가능성을 무참히 짓밟아버린다. 어른인 엄마와 아빠는 정해진 시간과 주어진 환경에 따라 움직이지만, 아이는 덜 성숙한 전전두엽 피질의 명령에 따라 천방지축으로 행동한다.

전전두엽 피질은 이성理性과 집중과 금지 외에도 미래를 계획하고 예측하는 능력까지 제어한다. 이는 아이들이 미래를 생각할 수 없으며 끊임없이 현재만 생각하고 살아간다는 뜻이다. 아이들에게는 오로지 '지금 당장'밖에 존재하지 않는다. 현재 속에서 살며 자기 입맛에 맞는 것만 먹으려 하고, 자기 기분에 맞는 행동만 하려 든다. 이처럼 현재의 즐거움과 기쁨만을 탐닉하려는 경향이 어떤 결과로 이어질지 분명하다. 게임중독이나 약물중독과 같은 모든 중독 현상은 지금 당장의 즐거움에 빠져들어 생기는 대표적 증상이기 때문이다.

또한 뇌 연구 결과에 따르면, 사춘기 아이들은 어떤 위험 상황에서 얻는 쾌감을 어른보다 과대평가한다. 위험에 따르는 보상 가치를 어른에 비해 크게 설정한다는 뜻이다. 전전두엽 피질만큼이나 아이들의 폭주를 지배하는 또다른 생체적 특징이 있는데, 바로 쾌감을 느끼게 해주는 신경전달물질의 하나인 도파민Dopamine이다. 이는 전 생애 단계 가운데 사춘기 때 가장 왕성하게 분비되는데, 어른이 이해할 수 없는 사춘기 아이들의 과도한 행동은 이 물질의 작용으로 인해서다.

사춘기 아이들의 전전두엽 피질에서는 신호를 보다 빠르게 전송할 수 있도록 신경세포를 둘러싸는 백색 지방질 물질인 미엘린Myelin을 보완하는 과정이 여전히 진행 중이다. 미엘린의 부족은 사춘기 아이들이 눈앞의 쾌락에 집착하도록 만드는 데 일조한다. 또한 감정과 행동 등의 조절을 담당하는 변연계(둘레계통; 대뇌피질과 시상하부 사이의 경계 부위에 위치한 일련의 구조물)의 발달도 완성되지 않아 어른처럼 강한 자제력을 보이기 어렵다. 게다가 왕성하게 분비되는 도파민이 사춘기 아이들을 하늘을 나는 양탄자에 실어 올려 멀리멀리 띄워 보내는 것이다.

아이의 뇌에서 일어나는 일 이해하기

덜 여문 전전두엽 피질과 과도한 도파민 분비, 대부분의 부모는 이와 같은 유아기-청소년기 아이들의 뇌 속에서 벌어지는 일을 알지 못한다. 다만 그런 상태의 뇌가 지배하는 예측 불가능하고 충동적인 행동과 사고만 보고 아이를 나무라거나 제어하려 한다. 이 시기 아이들은 계획하고 추론하며 충동을 자제하고, 고도의 실행 능력을 발휘하는 전전두엽 피질의 기능이 어른과 같지 않다. 전전두엽 피질이 완전한 변화를 끝내는 시점이 20대 중반 또는 심지어 20대 후반인 점을 감안하면, 아이들이 보이는 미성숙한 행동은 당연하다 할 수 있다.

게다가 아이들은 경험도 부족하므로 판단과 결정에 미숙할 수밖에 없다. 어른은 수많은 경험을 통해 미래를 예측하고 그에 따라 행동하지만, 아이는 한 차례 겪은 경험이 전부인 경우가 대부분이다. 따라서 이 한 번의 경험이 판단의 척도가 된다. 결국 유아기–청소년기에는 뇌 기관과 물질이 그 경험을 과대평가하도록 만들어 어른들이 말림에도 불구하고 무모하거나 쓸데없는 행동에 몰입하는 것이다.

어른도 중독성 때문에 위험하게 여기는 마약, 약물, 도박, 음란물에 아이들이 쉽게 빠지는 것은 이 때문이다. 실행 기능을 제어해야 하는 전전두엽 피질의 기능이 어른에 비해 약하고 과도하게 분비된 도파민이 사춘기 아이들을 이런 자극에 더욱 탐닉하게 만든다. 어른이 이런 위험으로부터 아이들을 철저하게 보호해야 하는 분명한 이유가 여기에 있다. 부모는 아이의 뇌 속에서 일어나는 일에 관해서 알아야 한다. 아이의 과도한 생각과 행동의 이면에 놓인 생체적 특징들을 고려해야 아이를 바르게 키울 수 있다. 무엇보다 과학적으로 증명된 사실이 우리에게 분명한 판단과 행동을 요구한다.

화성 부모와 금성 아이

1992년 미국에서 출간된 한 권의 책이 여성 독자들로부터 열광적인 호응을 얻었는데, 바로 존 그레이가 쓴 《화성에서 온 남자 금성에서 온 여자》다. 여성 독자들은 앞다투어 이 책을 읽고는 남자 친구에게 선물해주었다. 책의 메시지를 간추려보면 '여자 친구의 말을 들어주어라' '여자 친구의 편이 되어주어라' '여자 친구는 당신의 판결이나 평가를 바라지 않는다. 그저 이야기를 들어주고, 편을 들어달라는 것이다'였다.

아이의 심리적 특징과 부모와의 관계를 논할 때에도 이를 적용할 수 있는데, 다음에 나오는 엄마와 아이의 대화를 보면 '화성에서 온 부모와 금성에서 온 아이'라는 비유의 의미를 알 수 있다.

딸아이가 씩씩거리며 들어오더니 불평을 늘어놓는다.
"아무래도 선생님이 나를 싫어하나봐!"
"무슨 일 있었어?"
"아 글쎄 민정이랑 나랑 말싸움을 좀 했거든. 그런데 선생님이 내게만 뭐라 하는 거 있지!"
"내 그럴 줄 알았어. 걔는 공부도 잘하고 선생님한테도 싹싹하게 굴잖아."
"오늘은 민정이가 먼저 시비를 걸었단 말이야. 선생님도 봤다고."
"그러니까 평소에 잘해야 선생님도 네 편을 들어줄 거 아니냐고!"
"엄마! 선생님이면 공평해야지 어떻게 그래?"

"공부 잘하고 예쁜 짓을 해야 공평하게 취급을 받지. 선생님도 사람인데, 만날 숙제도 안 하고 말도 잘 안 듣는 애를 누가 좋아하겠니?"

"엄마는 민정이 엄마야, 내 엄마야? 잘못은 민정이랑 선생님이 했는데, 왜 내게만 뭐라고 해?" 소리를 꽥 지른 아이가 방문을 꽝 닫고 들어가버린다.

"저러니 만날 선생님한테 혼나고 나고 그러지. 너 학원은 안 갈 거야?"

"됐어! 나 학원 안 가!"

이후의 일은 대충 어떻게 전개될지 상상이 간다. 엄마는 아이가 하는 말을 제대로 듣지 않고 있다. 엄마 말대로 아이가 자기 잘못보다는 친구의 잘못을 크게 부풀렸을 수도 있다. 선생님이 공정하게 아이들의 싸움을 중재했을지도 모른다. 그런데 아이는 엄마에게 무엇을 호소하는 것일까? 친구와의 다툼에서 잘잘못을 가려달라는 것일까? 아니면 선생님에게 잘 보이기 위해 어떤 행동을 해야 하는지 가르쳐달라는 말일까?

아니다. 아이는 그저 엄마에게 "내 얘기 좀 들어주세요!" "내 편이 되어주세요!"라고 말하는 것이다. 설사 내가 잘못했을지라도 엄마는 내 말을 듣고 내 편이 되어달라는 요청이다. 지금 이 순간 아이는 엄마의 명쾌한 판결이나 유익한 조언을 바라지 않는다. 나를 속상하게 만든 선생님과 친구를 자기 입장에 바라보고 자기 마음을 이해해주기를 바라고 있다. 하지만 엄마는 판결을 내리고, 게다가 선생님과 마찬가지로 비난과 꾸지람을 해버렸다. 엄마는 화성에서 온 것이 분명하다.

엄마와 아이는 다르다. 엄마는 어른이고 아이는 아이다. 경험의 크기도 생각의 깊이도 다르다. 엄마가 아이보다 이성적으로나 감성적으로 포용할 수 있는 범위가 훨씬 넓음에도 현실에서는 그 폭을 보여주지 못하고 있다. 엄마는 아이가 '마땅히 이러이러하게 행동하리라' 하는 그릇된 믿음 속에서 아이를 다룬다. 아이가 하는 얘기를 차분히 들어주기보다는 해결책 제시 위주로 접근한다. 아이의 편이 되기보다는 엄마의 입장에서 판단하고 판결을 내린다.

　세상에서 아이가 의지할 수 있는 유일한 창구는 엄마와 아빠다. 그 유일한 창구를 향해 아이는 자신의 감정을 털어놓았는데, 그 감정이 도외시되고 돌아오는 답은 "공부해!"다. '설사 내가 잘못을 했더라도 엄마 아빠는 나를 이해해주고 받아주겠지'라는 기대가 무너지는 순간이다. 만일 아이가 몇 번이고 다시 시도했지만 계속 "학원 안 가니?"라든지 "쓸데없는 소리 말고 공부나 해!"와 같은 말만 메아리로 돌아온다면, 아이는 유일한 창구를 더이상 노크하거나 열지 않을 것이다. 이런 식으로 아이와 부모의 대화는 단절된다. 아이는 친구만 찾고, 집에 돌아오면 조용히 자기 방으로 들어가버린다.

차이를 인식하고 이해하며 존중하기

　많은 부모가 화성 사람처럼 아이를 대한다. 많은 아이가 금성 사람처럼 말하고 귀를 연다. 부모와 아이의 대화 단절에는 분명한 원인이 있다. 부모와 아이 사이에 처음부터 대화와 교감이 없었던 것이 아니다. 방글방글 웃던 아기 시절을 지나 춤추고 노래하는 유아기 때 아이의 몸짓 하나하나가 얼마나 귀엽고 사랑스러웠던가? 그토록 사랑스럽고 예뻤던 아이가 학교에 들어가 공부를 시작한 이후부터 부모는 어느새 화성 사람이 되어, 금성에서 온 아이를 화성 아이처럼 대한다.

부모와 아이는 지각하고 생각하고 반응하고 행동하는 등등의 방식이 서로 다르다. 그럼에도 부모는 아이가 자신처럼 생각하고 행동할 거라 믿고, 그러지 않았을 때 실망하고 화를 낸다. 서로의 차이를 인식하고 이해하며 존중하려는 노력 없이 자신의 입장에서 판단하고 강요하는 것이다. 그러니 다툼이 생기고 결국 관계에 단절이 올 수밖에 없다. 이런 서로의 다름을 인정하고 받아들이면, 부모인 우리가 아이에게 무엇을 어떻게 해야 하는지 명백해지지 않을까.

부모가 느끼는 불안감과 부담감

오랜 세월, 부모들을 따라다니는 질문이 하나 있다.
바로 "아이들은 하나님의 선물인가, 아니면 잔인한 인생의
십자가인가?"이다. 둘 다 맞다. 아이를 기르는 일은 놀라움과
흥분과 풍요로움의 순간으로 가득 차 있지만, 동시에 그런 기쁨은
분노와 혼란과 고생으로 깨져버리고 만다.
_ 심리학자 데이비드 클라크

환상 또는 오해로 시작하다

1957년 사회학자 르매스터스E. E. LeMasters가 발표한 연구 결과는 많은 사람에게 충격을 주었다. 그가 연구한 바에 따르면, 부모가 된 사람 가운데 무려 83퍼센트가 심각한 정신적 위기감을 느꼈다고 말했다. 그전까지 부모는 자식을 통해 큰 만족감과 행복감을 얻는다는 것이 묵시적 공감대였는데, 르매스터스의 연구로 부모들이 숨겨놓은 감정이 행복과는 거리가 멀다는 사실이 드러났다.

그의 연구 결과가 발표된 지 50년이 지난 2009년에도 결과는 마찬

가지였다. 브라이언 도스Brian Doss와 세 명의 학자가 공동으로 연구한 바에 따르면, 연구 대상 부부의 약 90퍼센트가 첫아이가 태어난 뒤로 결혼생활의 만족도가 감소하는 것을 경험했다고 밝혔다. 다시 말해 아이가 결혼생활의 행복과 사랑을 확인하는 징표라는 점은 모두가 인정하는 바이나, 50년 전이나 지금이나 부모들이 겪는 자식으로 인한 스트레스와 부담은 여전하다는 것이다.

또 2003년 진 트웬지Jean Twenge, 키스 캠벨Keith Campbell, 크레이그 포스터Craig Foster가 진행한 조사의 결과는 또다른 의미에서 시사적이다. 갓난아기를 키우는 기혼 여성이 결혼생활에 대해 평균 이상의 만족도를 표시한 비율은 38퍼센트인 반면, 아이가 없는 기혼 여성은 62퍼센트나 되었다. 캐럴린 카원Carolyn Cowan과 필립 카원Philip Cowan이 1992년에 출간한 《부부가 부모가 될 때When Partners Become Parents: The Big Life Change for Couples》에 따르면, 부부 100쌍 가운데 4분의 1 정도가 아이가 태어난 후 18개월쯤이 되면 결혼생활에 상당한 위기가 찾아온다고 응답했다. 그리고 무려 92퍼센트의 부부들은 아이가 태어난 뒤에 의견 충돌이 더 잦아졌다고 밝혔다.

안타까운 일이지만 아이의 탄생과 결혼생활의 변화를 연구한 대부분의 연구는 아이가 태어나는 순간부터 결혼생활의 만족도가 뚜렷하게 내리막 현상을 보인다고 밝힌다. 2009년 로런 팹Lauren Papp, 마크 커밍스Mark Cummings, 마시 괴크 모리Marcie Goeke-Morey가 수행한 연구를 보면 돈, 일, 친구, 여가 활동 등 다른 어떤 주제보다 아이가 부부 사이에 갈등과 다툼을 더 많이 유발한다.

아이를 낳기 전에는 아이가 부부 사이를 더욱 돈독하게 만들고 둘의 관계를 영속시켜줄 매개일 것이라 상상한다. 그리고 아이가 태어나면 "예쁜 아이가 태어났으니 얼마나 기쁘고 행복한가?"라는 말에 일정 정도 동의한다. 하지만 시간이 지나면서 도저히 동의할 수 없는 어려움이 부부를 괴롭힌다. 그리고 엄마와 아빠를 더욱 튼튼하게 연결해주리라 생각했던 아이가 갈등의 씨앗이 되는 순간이 오기도 한다. 실제로 아이의 탄생이 축복이 아닌 또다른 고통과 위기의 서막임을 여러 조사가 생생하게 보여준다. 아이로 결혼생활이 더 행복해야 한다는 강박 아닌 강박이 부부를 더 힘들게 하는 것이다.

환상적인 결혼이나 육아는 없다

우리는 잘 알고 있다. 동화 속 마지막 장면의 해피엔딩 "그래서 왕자님과 공주님은 행복하게 잘 살았답니다"가 얼마나 비현실적인지. 아이들에게는 환상적인 결말이지만, 어른은 부부가 되어 아이를 낳고 살아갈 왕자와 공주의 일상이 그저 그렇고 그렇다는 사실을 잘 안다. 우리는 동화가 환상이고 허구임을 알면서도 자신의 결혼과 출산은 다를 것이라 상상한다. 자신은 분명 행복하고 만족스럽게 살 수 있을 거라 생각한다. 정작 결혼하고 출산하면 그렇지 못할 것임을 알면서도 상상하고 기대하는 이유는 무엇일까? 혹시 결혼하고 출산하는 나만큼은 절대로 불행해지지 않을 거라 스스로 최면을 거는 것일까?

앞서 동화의 결말을 환상이라고 했다. 그런데 환상Illusion이라는 단어와 비슷한 뜻을 가진 단어들을 살펴보면 다음과 같다. '오해, 착오,

착각, 허위, 속임수.' 많은 부부가 결혼생활이 위기에 봉착할 때면 이런 말을 한다. "속아서 결혼한 거예요!" 다시 말해 많은 이들이 결혼생활을 오해하고 있었던 것이다. 또 아이를 가진다는 것이 행복과 만족으로 이어질 거라고 단정 내리고 착각한다. 행복의 보증수표처럼 여겨지는 귀여운 아이 뒤에 숨은 진실 또는 사실이 의무, 책임, 헌신과 같은 무서운 단어임을 모른 채 말이다.

결혼이 반드시 행복과 연결되지 않는다는 사실을 알고 있음에도 우리는 환상적인 기대를 품는다. 그 기대가 오해와 착각에서 비롯되었고, 속임수일 수 있다는 것을 애써 외면한 채 말이다. '결혼을 했으니 행복할 것이다!'가 아니라 '행복한 결혼을 위해 이런 희생과 책임을 다 했더니 행복하더라!'가 맞는 이치다. 출산은 더하다. 결혼이야 다 큰 성인 간의 결합이지만, 출산은 아이에 대한 어른의 일방적 배려와 헌신과 의무가 보태져야 한다. 오해나 착각에 빠져 아이와의 행복을 기대한다면, 그 결과는 불행한 결혼이 맞을 파국보다 더욱 끔찍한 사태로 이어질 가능성이 높다.

결혼은 쌍방향성을 갖는다. 하지만 출산과 양육은 '일방향성'의 특징을 보인다. 아이로 인한 불행감이 상상 이상으로 크다고 느끼는 것은 이런 이유에서다. 더구나 아이는 자라면서 점차 독립적인 사고와 태도를 보인다. 부모는 아이에게 일방적으로 퍼주면서도 아이의 독립적인 행동으로 마음이 상하고 갈등을 빚는다. 그러면서도 부모는 여전히 행복이라는 환상과 오해에 집착하려 한다. 아이는 가정의 행복을 상징하고 부모는 그런 행복을 위해 모든 것을 바쳐왔기 때문이다.

우리는 아이로 행복해지거나 만족스러워지지 않는다. 자신의 생각과 태도와 행동으로 행복해지는 것이다. 환상적인 결혼이나 육아는 없다. '책임 있는 결혼생활' '의무와 헌신이 있는 육아'는 있다. 자상한 남편이나 현모양처로 행복해질 거라 착각해서는 안 된다. 자식이 말 잘 듣고 얌전하고 공부를 잘한다면 행복해질 거라 오해해서는 안 된다. 현실은 오해와 착각과 속임수의 덫을 어떻게 잘 피해갈 수 있는가를 살피는 데 있다. 현실은 방실방실 웃는 아이보다는 떼를 쓰며 울어젖히는 아이와 더 가까울 가능성이 높다.

강박과 집착으로 이어지다

아이는 우리 부부의 축복이다.
아이를 가지면 더 행복해질 것이다.
아이는 우리 가족 행복의 중심이다.
아이는 부부의 갈등마저 해소시키는 치료제이자 처방약이다.
우리 아이는 천사처럼 태어나 천사처럼 커갈 것이다.

환상이고 착각이며 오해가 분명하다. 그렇다면 다음에 제시되는 주장은 어떤가?

아이로 우리 가족은 더 행복해져야 한다.

아이를 위해 모든 것을 희생할 수 있다.
내 아이를 다른 아이보다 더 행복하게 만들어야 한다.
육아의 어려움과 고통은 언젠가 보상받을 수 있을 것이다.
아이 때문에 짜증내고 화내는 나는 나쁜 부모다.

앞에서도 말했지만, 누구 때문에 무엇으로 인해 행복해질 수는 없다. 부모와 아이의 관계가 '일방향성'이라는 특징을 가진다고는 하지만, 부모가 모든 것을 쏟아붓는다고 해서 아이가 더 잘되는 것은 아니다. 앞서 보기로 든 생각에는 분명 부모로서의 의무와 책임이 담겨 있고, 아이를 향한 부모의 사랑이 가득하다. 그러나 뭔가에 붙들려 있고 초조한 느낌이다. 아이를 통해 부모가 바라고 이루려는 것들이 배경에 짙게 깔려 있다. 이는 강박에 싸인 부모, 집착하는 부모의 모습이다.

출산과 양육에 대해 부모들이 가진 환상이 불러오는 오해와 착각을 살펴보았다. 오해와 착각만큼이나 우리를 지배하는 것이 바로 '강박'이다. 아이를 잘 키워야 한다는 강박, 아이를 행복하게 만들어주겠다는 강박, 육아는 반드시 행복감으로 이어져야 한다는 강박. 그런데 강박Obsession과 비슷한 말이 '집착'이다. 강박은 또한 공포, 걱정거리, 맹목과도 연결된다. 강박은 집착을 낳는다. 머리와 가슴을 계속 맴도는 압박감이 집착으로 이어지는 것이다.

아이를 키우는 일은 걱정을 낳는다. 아이가 이러면 어쩌나 저러면 어쩌나 근심스럽다. 이는 자연스러운 부모의 반응이다. 하지만 과도

한 걱정과 근심은 강박으로 연결된다. 걱정은 공포가 되고 아이를 키우는 일이 불행감이나 불만족으로 다가온다. 부모는 불행감을 떨치기 위해 더 무모한 결정을 내린다. 맹목적으로 아이의 일거수일투족에 매달리는 것이다. 아이의 미래를 위한 일이라고 위로하면서 아이로 행복감을 맛보기 위해 달려든다.

아이의 인생이 곧 내 인생?

알프레드 아들러의 이론을 새롭게 조명한 기시미 이치로와 고가 후미타케의 《미움받을 용기》에는 "아이와의 관계를 고민하는 부모는 대개 '아이의 인생은 곧 내 인생'이라고 생각하는 경향이 있어. 요컨대 아이의 과제까지도 자신의 과제라고 생각하고 떠안는 걸세. 그렇게 늘 아이만 생각하다가 문득 정신을 차렸을 때에는 인생에서 '나'는 사라지고 없지"(《미움받을 용기》, 기시미 이치로·고가 후미타케/전경아, 인플루엔셜, 2014, 165쪽)라는 구절이 나온다.

부모는 아이의 모든 것을 떠안으려 하고, 아이와 자신의 인생을 하나로 생각한다. 아이의 성장을 생각하지만 독립적인 성장이 아니라 부모가 지시하고 바라는 성장이다. 그런데 열심히 아이를 뒷바라지하고 나니 아이는 나와 별개의 존재로 성장해 있다. 아이는 여전히 부모인 내게 손을 벌리면서도 정서적 유대는 사라져간다. 부모는 아이가 잘못되지 않을까 싶어 공포에 휩싸여 집착하며 강박 속에서 아이를 키웠지만, 결국 남는 것은 허탈감과 공허함이다.

《미움받을 용기》에서 이어지는 말이다. "하지만 어느 정도 아이의 과제를 떠맡았다고 한들 아이는 독립적인 개인일세. 부모가 바라는 대로 되지 않아. 진학할 학교나 직장, 결혼 상대, 일상의 사소한 언행마저도 부모의 희망대로 움직여주지 않는다네. 당연히 걱정도 되고 개입하고 싶을 때도 있겠지. 하지만 아까도 말했지 않나. '타인은 자네의 기대를 만족시키기 위해 사는 것이 아니다'라고. 설령 내 자식이라도 부모의 기대를 만족시키기 위해 사는 것이 아니란 말일세"(앞의 책, 165-166쪽).

공포라는 감정이 남기는 것은 '위축된 자아'다. 집착이 불러오는 것은 '왜곡된 자아'다. 맹목이 가져오는 것은 '상실된 자아'다. 아이를 제대로 키우려는 노력이 잘못된 판단과 행동에 이르러서는 안 된다. 아이의 성장과 더불어 아이의 독립이 연결될 수 있는 길을 향해 부모는 아이와 함께 걸어가야 한다. 강박이나 집착이나 공포나 맹목적인 감정을 가지고는 안정적으로 걸어가지 못한다. 결국 아이를 몰아세우고 겁박하면서 손목을 쥐고 이리저리 끌고 갈 수밖에 없게 된다. 아이 손목에는 시퍼런 멍이 들 테고, 언젠가 부모의 가슴에도 검푸른 멍이 들 것이다.

공포로 형성된 관계는 위기에 처했을 때 문제를 일으킨다. 집착과 맹목으로 연결된 관계는 끊어지기 쉽다. 부모가 아이를 쉽게 포기할 수도 있고, 아이가 부모의 가치를 낮잡아 볼 수도 있다. 독재정치나 공포정치의 말로가 얼마나 비극적인지 생각해보라. 걱정과 공포에서 기인한 강박과 집착을 벗어던지기는 쉽지 않다. 더구나 오늘날 부모들을 둘러싼 환경과 현실은 이런 경향을 더욱 부추긴다. 하지만 여기서 벗어나야 아이가 성장한다. 또한 여기서 벗어나야 부모도 부모 노릇을 제대로 할 수 있다. 불행하게도 요즘 부모들은 더욱 어려운 시험대 위에 서 있다.

불안과 부담의 실체

무엇 때문에 많은 부모가 불안감에 시달리고, 무력감과 상실감에 고통스러워하는 것일까? 인기 드라마 〈응답하라 1988〉의 한 장면에는 언니와 남동생에 치여 차별 대우를 받는다고 우는 둘째 딸을 달래며 아버지가 하는 말이 나온다. "아빠, 엄마가 미안허다. 잘 몰라서 그려. 첫째 딸은 어찌케 가르치고, 둘째는 어찌케 키우고, 막둥이는 어찌케 사람 맹글어야 될지 몰라서. 이 아빠도 태어날 때부터 아빠가 아니자네. 아빠도 아빠가 처음인디. 긍께 우리 딸이 쪼까 봐줘."

부모들이 느끼는 불안감의 실체를 잘 말해주는 대사다. 불안감은 모르기 때문에 생긴다. 불안감의 이유는 '처음'이라서 그리고 부모라는 이름이 가진 무게도 있다. 아이를 낳아 부모가 되었지만 어떻게 하는 것이 바람직한지 잘 모른다. 모르기 때문에 책이나 인터넷, 방송을 참고하지만 온갖 조언들이 오히려 불안감을 가중시키기도 한다.

또다른 면에서 보면 아이가 지극히 무력한 존재여서다. 잠시만 한눈을 팔고 주의를 게을리해도 아이에게 무슨 일이 닥칠지 알 수 없다.

아이는 부모에게 전적으로 의존하는 존재다. 부모에게 모든 것을 의지하고 사랑으로 키워달라고 요구한다. 경제적 측면은 물론이고 정서적으로도 온전히 쏟아부어야 아이를 키울 수 있다. 이렇게 무력하고 전적으로 의존하는 존재를 키워내야 하는 부모로서 불안감이 커지지 않을 수 없다.

예전 부모들도 똑같은 어려움을 겪었을 것이다. 오히려 지금 부모들이 어떤 면에서는 훨씬 더 유리한 입장이라고 볼 수 있다. 무엇보다 유익한 육아와 교육에 대한 정보를 손쉽게 얻고 활용할 수 있다. 또한 아이를 키우는 데 필요한 온갖 용품들이 잘 갖추어져 있다. 기저귀 빨래를 하지 않고 아이를 키우는 것만으로도 "얼마나 복받은 일인지 아느냐"고 반문하는 어르신들도 많다. 하지만 아이를 키우는 일은 기저귀 갈고 우유병 물리는 일에 그치지 않는다.

과거처럼 내가 농부이기에 아이도 농부로 키우는 시대가 아니다. 앞에서 살펴본 것처럼, 부모로서 아이에게 가르쳐줄 수 있는 삶의 방편들이 사라졌다. 부모는 자신이 알지 못하는 더 나은 직업을 아이가 선택할 수 있도록 뒷받침해주어야 한다. 상급학교 진학을 위해 학원에 보내는 등 많은 물질적 투자를 해야 한다. 이에 따라 교육하는 데 예전에 비해 더 많은 돈이 들고, 돈을 들여 키워야 하는 기간도 더 길어졌다. 불안감과 쌍을 이루는 경제적 부담감이 우리를 옥죄고 있다.

부모 노릇과 경제력의 상관관계

2012년 보건복지부와 한국보건사회연구원이 전국 남녀 1만 3,385명을 대상으로 조사한 결과, 자녀 한 명을 출산해 대학을 졸업시킬 때까지 드는 양육비가 무려 3억 원이 넘는 것으로 나타났다. 영아기(0-2세) 3,000만 원, 유아기(3-5세) 3,700만 원, 초등학교(6-11세) 7,600만 원, 중고등학교(12-17세) 8,800만 원, 대학교(18-21세) 7,700만 원 정도가 든다. 취업 준비 기간과 결혼을 위한 비용은 고려되지 않았음에도, 아이를 키우고 그 아이가 성인이 될 때까지 부모로 만들기 위해 우리가 들여야 할 노력과 투자가 상상을 초월하고 있는 것이다.

한마디로 '잘 키울 수 있을까 하는 불안감과 잘 키워야 한다는 부담감'이 동시에 부모를 압박하고 괴롭히는 상황이다. 예전보다 아이 키우기는 편해지고 쉬워졌다고 하지만 부모 노릇하기는 어려워졌다. 세속적으로 보자면 지금 상황에서 부모 노릇은 돈과 무관하지 않다. 애써 외면하려 해도 분명한 사실이다. 돈이 많으면 아이 키우기가 보다 수월해진다. 상급학교 진학을 위한 다양한 과외와 학원 수업을 받게 할 수 있으며, 더욱 풍족한 환경을 아이에게 제공할 수 있다.

다른 아이들과 무한하게 또 치열하게 경쟁해야 하는 현실 속에서 부모는 내 아이가 뒤처지는 모습을 그냥 보고 있을 수만은 없다. 어떻게 해서든 그 경쟁에서 살아남고 위로 올라가기를 바라는 것이 부모 마음이다. 하지만 주어진 현실은 아이를 풍족하게 뒷받침하기에 부족하다. 그러다 보면 일종의 좌절감이 마음을 뒤흔들고, 그런 감정은 또다시 불안감과 부담감으로 다가온다. 아이의 뒤처진 모습에 부모는 스스로를 자책하고 때로는 그런 마음을 몰라주는 아이가 야속하다. '내가 자기를 위해 얼마나 희생하고 있는지 알기는 할까?'라는 생각이 든다.

부질없는 원망과 안타까움이다. 대부분의 부모가 짊어져야 할 부모 노릇이 가져온 마음의 상처가 그런 식으로 남은 것이다. 내 아이를 잘 키워보고 싶은 욕심 뒤에 도사린 불안감과 부담감은 어쩌면 대부분의 부모가 앓고 있는 심리적 증상, 즉 마음의 병이라고 할 수 있다. 오늘날에는 온전히 내 아이만 바라보고 나만의 철학으로 아이를 기를 수가 없다. 아이는 학교와 학원에서 자신의 처지를 다른 아이와 비교한다. 그리고 부모도 남들과 의견을 나누며 나와 내 아이를 다른 부모와 다른 아이의 상황과 견주어본다.

비교라는 도구 버리기

불안감과 부담감을 떨칠 수 있는 방법은 '비교'라는 도구를 버리는 것이다. 온통 비교투성이인 세상에서 가능하지 않은 말이라고 할 수도 있다. 하지만 완전히 버리지는 못한다 할지라도 일정 정도는 덜어내고 조절해야 한다. 불안감과 부담감으로 인한 부모의 마음의 병이 깊어지지 않도록 하기 위해서는 그렇게 해야 한다. 부모는 자기중심이 서 있어야 한다. 아이는 중심이 잡힌 부모를 통해 이지러지지 않은 자신의 모습과 세상을 보고, 여기서 안정감을 얻는다.

아이를 학교와 학원에 맡겨 모든 기능적 공부를 익히도록 한다 하더라도, 아이는 엄마와 아빠를 바라보며 커간다. 좋은 점을 배우지는 않더라도 나쁜 점은 반드시 배운다. 이리저리 휘둘리면서 부침과 혼란이 부모를 지배하면, 결국 아이에게까지 영향을 끼친다. 부모는 아이에게 성장하는 데 더 나은 환경을 마련해주려고 노력해야 한다. 그런데 경제적 부가 자기중심이 잡힌 부모의 참모습을 이길 수는 없다. 불안과 부담을 느끼는 상황에서도 아이와 맞잡은 손에 힘이 있을 때, 아이는 큰 용기를 가지고 앞으로 나아갈 수 있다. 부모인 우리에게 큰 도전이 아닐 수 없지만, 이 도전을 잘 이겨내야 아이를 잘 키울 수 있다고 굳게 믿어야 한다.

현실을 바로 보는 용기

온갖 실패와 불행을 겪으면서도 인생의 신뢰를 잃지 않는
낙천가는 대개 훌륭한 어머니의 품에서 자라난 사람들이다.
_ 소설가 앙드레 모루아

제대로 된 어른으로 키우고 싶다면

앞에서 여러 사례를 통해 부모인 나와 내 아이가 처한 현실을 살펴보았다. 어떤 면에서는 현실을 다소 비관적으로 바라본 점이 있다. 대부분의 부모가 아이를 키우는 데 불안감과 부담감을 안고 살아가지만, 이에 병적일 정도로 과하게 반응하는 부모는 그리 많지 않다. 그럼에도 여전히 부모와 아이에게는 풀어야 할 숙제가 많다. 예전과 다른 육아와 양육 환경 속에서 부모의 고민은 오히려 더 늘어났고, 아이는 아이대로 무한 경쟁의 장에서 고군분투하고 있다.

우리가 이렇게 고민하는 이유는 부모인 '나' 때문이 아니다. 부모는 내 아이가 바람직하게 제대로 커가기를 바라는 마음에서 속을 끓이고 애를 태운다. 그 무엇보다 아이가 먼저라는 말이다. 이 지점에서 어떤 결론에 이를 수 있을지도 모르겠다. 우리의 고민이 부모인 나 자신이 아니라 아이에게 향해 있으며, 부모의 목적이 단지 아이를 수월하게 키우는 데 있지 않다는 점은 분명하다. 부모의 목표는 '아이가 자신의 가치를 인정받고 앞가림을 제대로 하면서, 결국 나보다 나은 사람'으로 자라는 것이다.

아이가 '바람직한 어른으로, 제대로 된 부모로 성장하는 것'이 아이를 정성들여 키우는 목적이다. 한 가지 결론을 생각해본다. "부모의 효율보다 아이의 성장에 초점을 맞춘다." 부모의 효율이란 부모가 원하고 바라는 대로 아이를 이끄는 것이다. 아이를 설득하고 이해시키며, 아이와 눈높이를 맞추는 것은 효율적이지 않을 수 있다. 부모가 생각하는 결론에 따라 아이가 움직여주고 이끄는 대로 따라주어야 효율적이다. 부모와 아이를 둘러싼 환경의 변화가 부모의 효율을 앞에 두도록 만들었을지도 모른다. 불안감은 커지고 부담감은 늘어가지만, 부모가 아이를 제대로 통제할 수 있는 능력은 현저히 줄어들었기 때문이다. 이런 상황에서 부모가 선택할 수 있는 것은 아이의 입장보다는 본인의 입장을 먼저 고려하는 것이 아니었을까. 그런 효율은 단기적으로는 성과를 거둘 수 있다. 하지만 궁극적으로 아이에게 도움이 되지 않는다는 사실을 누구나 안다.

지금의 환경은 아이가 제대로 된 어른으로 성장하기에 적합하지 않다. 아이가 아이로만 머무는 기간이 상당히 길어졌고, 좋은 어른으로 자랄 수 있는 여러 덕목을 제대로 배우는 중간 과정도 대부분 사라져버렸다. 아이는 온전히 부모의 보살핌 속에서 아이로만 크다가 일정 나이가 되면 갑자기 어른으로 취급받는다. 정서적으로 완성되지 않은 상태에서 몸만 커진 애-어른을 어른으로 대하는 것이다.

이런 현상은 상당히 심각한 사회문제를 일으킨다. 영아유기나 영아살해와 같은 일이 심심찮게 발생하고, 아동학대와 가정폭력이 연일 보도되고 있다. 이와 같은 일을 저지른 당사자들에게 "왜 그랬냐?"고 물으면 "아기가 자꾸 울어서" "아이가 귀찮게 해서"라는 답이 돌아온다. 게임을 하는 데 방해된다고, 외출하는 데 짐이 된다고, 순간적 감정에서 일을 저질렀다는 것이다. 아이를 낳았지만 그들은 어른도 부모도 아니다. 몸만 커지고 힘만 세졌을 뿐, 정서적으로는 아직 아이를 벗어나지 못한 애-어른 상태다.

또한 이들에게는 공통점이 있는데, 게임이나 알코올중독에 빠져 있다는 것이다. 어린 시절에 시작된 중독 증상은 크면서 더욱 악화되었고, 아이를 갖게 된 것도 충동을 이기지 못한 결과일 수 있다. 사건 당사자의 잘못이 가장 크지만, 이들을 돌보고 교육시켜야 했던 부모들의 책임도 만만찮다. 물론 문제를 저지른 사람들은 생물학적 부모의 역할마저도 포기한 것인데, 아마 그들의 부모와 그들이 처한 환경이 열악했을 가능성이 높다. 그렇다고 해도 어른임을, 부모임을 포기한 행동은 정당화할 수 없다.

과거에 비해 여러 사정이 바뀌었다. 산업화가 고도로 발달하고 대가족이 소가족으로 분화되면서, 부모와 아이의 관계 역시 엄청난 변화를 겪고 있다. 노동윤리에 기반한 부모-아이의 기능적, 정서적 존중과 예법禮法은 사라졌다. 대가족 사회에서 자연스레 형성되었던 가정윤리는 더이상 존재하지 않는다. '아이→어른-애→어른→부모'로 선순환하던 성장의 연결 고리도 끊어졌다. 예전에는 부모 둘이서 아이 다섯 이상을 길러냈다. 지금은 부모 둘이 아이 하나를 키우지만 공부와 관련된 기능적 우위도, 생활과 관련된 윤리적 우월성도 확보하기 힘들어졌다.

오늘날에는 '사회학적 부모'로서의 역할이 위축되는 반면, '생물학적 부모'로서의 의무와 책임은 계속 커진다. 과거로 회귀할 수 없는 상황에서 대안을 찾아야 할 시점에 이르렀다고 보인다.

뒷전이 되어버린 '성장'의 가치

사회학적 부모의 역할은 부모와 아이의 생활에서 공통부분이 많을 때, 부모의 목표와 아이의 목표가 같은 지점을 향할 때 더욱 효과적이다. 물론 농부는 농부로서, 상인은 상인으로서, 선비는 선비로서 부모와 아이가 같은 길을 걸었던 전통 신분제 사회 속에서 그러했다. 또는 대가족 공동체를 통해 최소한의 노동윤리와 가정윤리가 확보될 때 사회학적 부모의 역할이 제 기능을 했다.

오늘날에는 부모와 아이가 지향하는 미래의 목표가 겹치지 않는 경우가 대부분이다. 지금은 부모와 아이가 과거와 같이 계급을 세습하지 않는다. 근대화와 민주화를 통해 사람들은 새로운 삶을 다양하게 선택할 수 있게 되었다. 농부의 아이가 교수가 되거나, 교수의 아이가 농부가 될 수 있다. 농부인 아버지가 전수할 수 있는 지식과 지혜는 교수가 꿈인 아이에게는 필요 없다. 선비로서의 인문학적 소양은 의사가 되려는 아이에게는 그다지 실용적이지 않은 한낱 '공자 왈 맹자 왈'일 것이다.

우리가 처한 환경은 과거와 전혀 다르다. 아이가 가야 할 길이 미리 정해져 있던 전통사회의 부모들과 같은 권한과 권능이 오늘날의 부모들에게는 없다. 지금은 부모의 역할이 '공부'라는 기능에서 우수한 능력을 보일 수 있도록 아이를 기르고 돌보는 것에 한정된다. 앞서 말한 것처럼 부모가 살아온 것과 전혀 다른, 더 많은 돈과 더 높은 지위를 보장할 수 있는 공부를 위해 부모들은 나름의 '역할'을 하고 있다.

오늘날 한국사회에서 부모의 역할이란 사회학적 부모로서의 역할이 아니다. 현실은 부모에게 학교-학원으로 이어지는 손쉬운 양육에 아이를 맡기라고 권한다. 그 기능적 연결 호스에 돈을 잘 대면 된다는 논리가 자리하고 있다. 아이의 성장을 학교-학원 공부와 일치시키고, 부모는 이와 같은 효율적인 연결선에 따라 움직이면 그뿐이다. '효율의 기능'만 남고 '성장의 가치'는 자연스레 뒷전으로 밀려났다. 물론 이런 지적이 전통사회에서의 부모 역할을 부활시키자는 시대착오적 주장을 하려는 것이 아니다. 사실 그럴 수도 없다.

급격하게 변한 환경 속에서 부모나 아이 모두 보다 손쉬운 선택을 강요당하는 상황이 안타까울 뿐이다. 주위 사람들이 선택하고 따르는 길을 어쩔 수 없이 우리도 함께 가고 있다. 좋은 대학에 진학해야 하고, 좋은 직장에 들어가야 하고, 그래야 좋은 배우자를 만나 잘살 수 있다는 생각에 빠져서 말이다. 전통사회에서 잘 작동되던 사회학적 부모로서의 역할과 기능이 옅어져가는 상황에서 우리는 관성적으로 움직인다. 더불어 무엇이 더 나은 것인지 분별하고 판단하려는 의지와 노력도 약해져간다.

부모도 아이도, 좋은 대학에 가고 좋은 직업을 가지면 좋은 어른이 되는 것이라 오해하고 착각한다. 부모의 효율은 대학 진학의 효율, 좋은 직장 취업의 효율과 동치관계다. 좋은 직장은 좋은 연애, 좋은 결혼 그리고 좋은 부모로 이어질 거라 생각한다. 하지만 이런 과정에 흔쾌하게 동의할 부모는 없을 것이다. 현실로 내려와서 부족하고 허점투성이인 내 아이의 뒷모습을 바라보자. 뛰어나기보다는 평범하게 살아갈 가능성이 상당히 높은 내 아이의 눈을 바라보자.

아이의 뒷모습에서 '어른의 품격이 느껴지면 얼마나 좋을까', 아이의 눈에서 '부모의 당당함이 엿보이면 얼마나 좋을까'를 생각해본 적이 있는가? 지금 우리는 사회학적 부모로서의 역할에서 상당 부분 배제되어 있다. 하지만 사회학적 부모로서의 의무와 책임, 그리고 헌신을 방기하면 안 된다. 비록 부모의 역할이 생물학적 부모로 축소되어 가는 현실이지만, 우리는 부모이기에 부모 노릇을 해야 한다. 아이가 어른으로 온전하게 성장할 수 있도록 교육할 권리와 의무는 궁극적으로 부모에게 있다는 점을 잊어서는 안 된다. 현실에 굳건히 발을 디디고 서서 실현 가능한 길을 탐색해야 하는 책임이 부모에게 있다는 사실을 기억하자.

현실적인가, 현실적이지 않은가

예쁜 아기를 낳고 얼굴을 보며 아기의 행복한 미래를 염원하던 그 시절을 떠올려보자. 매일 꿈과 소망을 담으며 백일을 넘기고 돌잡이에서 아기 손에 쥐어진 청진기, 판사봉, 연필을 바라보며 우리는 환호했다. '행복하게 잘 자라주었으면…' 아기를 안고 돌 사진을 찍었던 우리는 한결같은 마음으로 그날들을 기억한다. 하지만 모든 아이가 청진기나 판사봉을 가질 수 없으며, 연필만을 손에 쥐고 살 수 없다. 누군가는 그와는 다른 어쩌면 보다 험한 일을 하면서 살아간다.

꿈이나 소망과 달리 현실은 만만찮다. 부모인 우리가 누구보다 그 사실을 잘 알고 있다. 그래서 남보다 뒤처져서 사는 나를 뛰어넘어 내 아이는 좀더 풍족하고 행복하게 살았으면 하고 바라는 것이다. 아이를 더욱 채근하고 "공부해!"라는 말을 입에 달고 사는 것도 그 때문이다. 하지만 정신 차리고 현실을 돌아보자. 꿈은 꿈으로 남기 쉽다. 흔히들 꿈을 크게 꾸라고 하지만, 현실을 직시하는 것이 보다 중요하다.

부모로서 더 중요한 일은 현실을 직시하고 구체적인 목표를 정하는 것이다. 한국사회에서 살아가는 많은 부모에게 당면한 어려움은 대부분 돈문제로 귀결된다. 아이가 더 좋은 상급학교로 진학하기 위해서는 가외加外의 과외課外 공부가 필요한 것이 사실이다. 실제로 부모의 경제력과 아이의 대학 진학률에는 상당히 밀접한 관계가 있음이 여러 조사에서 입증되었다. 많은 부모가 겪는 불안감과 부담감에는 현실적으로 도저히 좁힐 수 없는 간극에 대한 박탈감, 내 아이에게 해주고 싶은 만큼 다 해줄 수 없다는 안타까움이 자리하고 있다.

그런데 종종 이런 박탈감과 안타까움을 아이에게 잘못 투사하는 경우를 본다. 우리도 학창 시절을 보내며 느끼고 확인한 바지만, 학원이나 과외만으로 우리가 특별해지지 않는다. 그럼에도 부모가 되어서는 학원이나 과외가 아이를 단번에 우수하게 탈바꿈시켜주기를 바란다. 그렇게 바뀌지 않는 아이에게 심각한 문제가 있는 것은 아닌가 생각하기도 한다. 하지만 정말 특별한 계기가 있지 않는 한 내 아이는 대부분의 다른 아이들처럼 고만고만하게 공부하고 상급학교로 진학할 것이다.

믿고 싶지 않을 테고 내가 갓난아기를 보며 품었던 꿈과 너무 동떨어졌지만, 현실이 그렇다. 그렇다고 자포자기하라는 말이 아니다. 부모인 우리가 다른 생각과 마음가짐으로 세상과 아이를 바라보자는 제안이다. 아이의 미래에 대한 천편일률적인 설계도를 새로운 시각에서 재검토해보자. 질문을 던져본다. "자신이 살아온 삶이 문제투성이였다고 생각하는가?" "자신의 삶이 아이 보기에 부끄러운가?" "자녀에게 나처럼 살아보는 것도 괜찮다고 말해줄 수 없는가?" 평범하게 살아가는 우리의 삶을 내 아이가 비슷하게 사는 것이 불행이라거나 비극이라고 생각하지 않을 것이라 믿는다.

현실을 직시하는 일은 현실의 나(부모)와 아이를 제대로 파악하고 분석하는 것이다. 그러고 나서 내 아이의 미래를 그려본다. 단순한 꿈이나 바람이 아니라 현실적이고 구체적인 목표를 세워보자. 이렇게 상상해보면 어떨까. '서른 살 전후의 아이 모습. 직장을 얻고 첫아이를 낳는 그 시점에 내 아이가 어떤 어른이고 어떤 부모가 되길 바라는가?'

구체적이고 분명한 목표 세우기

오히려 꿈보다 더 뜬구름 잡는 이야기처럼 들릴 수도 있지만 질문의 초점은 아이가 어느 학교를 가고, 어떤 일을 하며, 무슨 직장에 다니는지를 묻는 게 아니다. 어떤 어른이고 어떤 부모가 되어 있을지를 그려보라는 것이다. 좋은 어른, 좋은 부모. 돈이 많고 권세가 높은 삶이 아니더라도 도달할 수 있는 분명한 목표다. 좋은 어른, 좋은 부모는 성실하고 정직하며 또한 건실한 직업인일 것이다. 내 아이를 위한 가장 현실적인 목표는 '좋은 어른, 좋은 부모'로 키우는 것이다.

이상적인 이야기가 아니다. 조금은 공부 능력이 부족한 아이를 닦달해 "의대 가라, 법대 가라"고 윽박지르는 것보다 훨씬 구체적이고 현실적이다. 부모의 마음가짐과 태도를 통해 아이는 성숙한 어른, 좋은 부모로 얼마든지 성장할 수 있다. 관건은 우리가 현실적인 대안을 찾을 수 있는가다. 일단은 부모부터 세상이 정한 꿈과 소망의 청사진을 무시해야 한다. 다음으로 세상이 설정한 여러 도구도 없애고, 부모로서 아이에 대해 가진 쓸데없는 욕심을 버리자. 또한 내 아이는 무조건 잘되고, 문제없이 자라야 한다는 생각도 치워두어야 한다.

많은 것을 버리고 없애고 치우고 나서 냉정해져야 한다. 부모이기에 아이에게 가져도 될 법한 특권도 버리자. 부모가 가지는 아이에 대한 특권 의식이 아이에게 더 심한 독으로 작용할 수 있음을 잊어서는 안 된다. 또한 부모이기에 아이에게 무조건 퍼주고 희생하며 봉사해야 한다는 생각도 버리자. 부모의 헌신과 배려가 당연히 베풀어지는 것이 아님을 아이가 깨달을 수 있도록 가르쳐야 한다. 부모는 아이의 몸종이 아니다. 생명의 인연을 통해 맺어진 '삶의 동반자'이지만, 언젠가 자신의 둥지를 향해 떠나갈 '귀한 손님'이기도 하다. 부모는 내 아이가 더 나아지고 변하기를 바라지만, 아이는 우리도 그랬듯 쉽게 바뀌지 않는다. 그렇다면 부모인 우리가 먼저 변해야 한다. 그것도 현실적으로 바꾸어야 한다.

현실 위에 세워진 원칙이 가진 힘

아이는 자라나 어느 시점에는 자기 아이를 낳을 테고, 내가 그런 것처럼 자신의 아이에게 최선을 다할 것이다. 그러리라고 믿는다. 예전 부모들은 여러 명의 자녀를 두었고 나이가 들어서는 자녀에게 의탁하는 것을 자연스럽게 생각했지만, 이제는 뭔가를 바라고 아이를 키우는 시대가 아니다. 요즘은 한 자녀가 대부분이고, 아이 홀로 자립해 살아가기도 벅찬 세상이다. 부모가 아이에게 뭔가를 바랄 수도 없고, 바라서도 안 되는 시대인 것이다. 부모들은 아이에게 기대지 않고 스스로의 미래에 대처해 나아가야 한다. 게다가 예전 세대에 비해 우리는 무척이나 오래 살 것이다.

아이들의 처지도 지난 몇 십 년 동안 크게 바뀌었다. 그런데 이제

다시 아이들의 처지가 바뀌는 시점으로 접어든 것이 아닌가 생각한다. 고도 산업화와 대가족 해체가 초래한 변화에 이어 저출산이 초래한 인구통계학적 변화는 부모와 아이의 관계를 재설정하도록 만든다. 또한 IT 기술 발전에 이은 서비스산업의 다변화는 종래의 취업 인력 수급의 형태도 변화시킨다. 이런 변화 속에서 앞으로 대학 진학이 그렇게 매력적인 선택이 아닐 가능성이 높아지고 있다. 굳이 대학을 나오지 않더라도 자신의 개성을 살릴 수 있는 다양한 직업이 등장하고 의사나 법조인으로 대변되는 고급 인력에 관한 인식도 변할 것이다.

많은 전문가가 현재와 같은 교육체제에서 교육받은 아이들이 앞으로 다가올 미래에 능동적으로 대처할 수 있을지에 의문을 제기한다. 학원을 통해 양성되는 구시대적 인재 양성 시스템이 계속되는 한 미래 세대는 치명적인 문제를 드러낼 것이라 전망한다. 따라서 우리는 아이 양육의 문제를 이런 전제 아래 생각할 필요가 있다. 앞서 구체적인 아이의 미래상과 명확한 목표로 '좋은 어른과 좋은 부모되기'를 삼았다. 이는 변화하는 환경과 밀접한 관련이 있다. 결국 지금과 같은 급격한 변화의 속도에 적응할 수 있는 유일한 길은 개인이 가진 '자질'과 '품격'에 달려 있다.

앞으로 평생직장이라는 개념이 사라진 시대를 살아갈 아이들은 평생 동안 최소한 세 개 이상의 직업을 가지게 될 것이라는 전망도 나온다. 학원에서 배운 암기식 교육으로는 직업 적응력을 절대 기대할 수 없고, 지금도 대학 교육을 통해 습득한 고급 기술이 '5년짜리'에 불과하다고들 말한다. 따라서 아이가 평소 몸과 마음으로 익힌 삶에 관한 태도와 자세가 평생토록 아이의 존속과 발전의 토대가 될 것이라는 사실은 명백하다. 학교와 학원에 기대어 아이의 성공을 염원하는 우리지만, 도래할 세상에서는 학교와 학원에서 주입받은 교육이 도리어 아이의 성장을 제한하는 틀이 되어버릴지 모른다는 증거가 여기저기서 나타나고 있다.

개인이 가진 자질과 품격이 중요하다고 말했다. 그 자질과 품격이란 앞서 말한 '삶의 태도와 자세'다. 삶의 태도와 자세를 제대로 잘 갖춘 아이는 좋은 어른과 좋은 부모가 될 기본 소양이 있는 것이다. 다시 강조하면, 이제 부모가 새로운 시각과 태도를 가져야 할 때다. 아이를 위해 흔들리지 않는 세계관에 접속해야 할 시점이다. 이 책은 이런 부분에 관해 현실에 기반을 둔 제안을 하고자 한다. 지금까지 부모가 부모일 수 있는 이유를 밝히고 그 이유 속에서 아이를 제대로 기르고 가르치는 방법을 생각해보았다. 그리고 자신이 처한 현실 속에서 아이에게 무엇을 줄 수 있고, 무엇은 줄 수 없는지를 분명하게 판단해야 함을 강조했다.

'이유 있는 헌신'을 통해 아이가 부모의 가치를 깨닫도록 하자. 세상에 조건 없이 주어지는 것은 없다는 사실, 생물학적 인연만으로 부모가 아이에게 종속되지는 않는다는 것을 알려주어야 한다. 아이를 배려하되 부모의 생각과 의지가 관철될 수 있어야 하는데, 아이와의 관계가 아이의 요구에 무조건적으로 따르는 것도 아니고 또한 아이의 정당한 요구를 묵살하는 것도 옳지 않음을 잘 알 것이다.

좋은 어른 좋은 부모로 키우기

다른 부모와 자신을 비교하지도 부러워하지도 말자. 그리고 부풀려진 자랑에도 속지 말자. 자랑하는 부모 가운데 실상 자기 아이의 속이 썩어간다는 사실을 모르는 경우도 허다하다. 학교나 학원에서 받아오는 점수 몇 점에 기죽지 않아도 된다. 인생의 점수는 20년, 30년이 지난 다음 매겨도 충분하다.

부모가 아이 수준으로 떨어지면 안 된다. 부모는 어른이므로 아이보다 더 잘 참고 견디며 감내할 수 있다. 부모가 어른의 역할을 자각하고 어른답게 행동할 때, 아이도 아이답게 행동한다. 그리고 분명히 말씀드린다. 친구 같은 부모라는 말에 현혹되지 마라. 부모는 부모고, 아이는 아이다. 아이는 부모를 보며 닮아가지만, 부모는 아이를 보며 닮지 않는다.

또다른 목표도 있다. 부모인 우리의 목표는 스스로 '좋은 부모'가 되는 것이다. 좋은 부모란 아이들이 나이를 먹으면서 점차 부모가 필요치 않게 되도록 만드는 부모다. 아이 스스로 할 수 있는 것이 많아지고 능숙해지도록 만들어주어야 한다. 부모의 역할이 시간이 지나 아이가 자라도 줄어들지 않고 많아진다면, 그것은 형편없는 부모가 되었다는 방증이다. 시간이 가면서 부모의 결정권이 줄어들고 아이의 결정권이 커질수록 아이가 잘 크고 있다는 증거다. 부모 노릇을 잘했고 아이를 훌륭하게 잘 키우고 있다는 증명이다.

한마디 덧붙이면, 아이는 의외로 스스로 잘 커나간다. 더 정확히 말하면, 커나갈 수 있다. 우리 잘 자라온 것처럼 말이다. 비록 높은 지위에 오르지 못했거나 돈을 많이 벌어오지 못할지라도 우리 역시 우리 부모에게는 매우 소중한 존재다. 철없이 굴고 천방지축인 아이들도 부모가 자기를 사랑한다는 사실을 잘 안다. 그래서 아이들도 좀더 조심하고 좀더 최선을 다하며 살고 있다. 아이는 자라서 부모가 되어 자기 아이들을 보면서 우리가 자기를 얼마나 소중하게 여기고 자랑스러워했는지 깨달을 것이다. 이제 우리 아이들을 '좋은 어른, 좋은 부모'로 키우기 위해 무엇을 할지 함께 고민하는 무대로 떠나보자.

2부

부모 인문학 원칙

부모 먼저 자신을 아는 게 중요하다

> 아는 자들이여, 실천하라.
> 이해하는 자들이여, 가르치라.
> _ 철학자 아리스토텔레스

네 자신을 알라

그리스 중부의 고대 도시 델포이. 그리스에서 두 번째로 높은 파르나소스산 남쪽 허리를 끼고 멀리 짙푸른 코린토스만을 내다보는 곳이다. 지금은 여기저기 훼손된 유적만 남아 관광객에게 추억을 전하지만 과거에는 아폴론을 모시던 종교의 중심지였다. 델포이는 도시 이름보다 '델포이의 신탁神託'으로 더 널리 알려져 있다. 신이 전하는 말씀이자 예언인 신탁.

고대 그리스 사람들은 해결하기 어려운 문제를 신에게 물어 답을 얻으려 했다. 델포이의 신탁은 과거 그리스 사람들이 믿었던 신 아폴론이 내려준 예언으로, 사람들이 아폴론에게 의지한 이유는 그가 태양의 신이자 예언의 신이었기 때문이다.

아폴론은 자신의 예언을 갈라진 땅 위에 놓인 의자에 앉은 여사제 피티아Pythia의 입을 통해 사람들에게 전했다. 갈라진 땅 틈으로 환각을 일으키는 연기가 피어오르고 이 연기에 정신이 몽롱해진 피티아가 아폴론의 말을 대신 웅얼거렸다. 전쟁에 나가거나 국가가 큰일을 앞두었을 때 또는 개인적인 일로 사람들은 아폴론 신전을 찾아가 신탁을 구했다. 신탁에 따라 전쟁의 가부를 결정했고, 국정과 개인의 일을 판단했다.

신탁을 구하려는 사람들은 아폴론 신전 앞 기둥에 쓰인 글을 보게 되는데, 거기에는 이런 말이 적혀 있었다. "너 자신을 알라." 신의 예언을 들으려 찾은 그곳에서 신을 믿으라든지 신의 말씀에 복종하라는 말 대신 '네 자신을 똑바로 알라. 네 스스로를 자세히 들여다보라. 너는 누구며 이곳에 왜 왔는지 잘 생각해보라. 신에게 답을 구하기 전에 네 스스로 먼저 답을 구하라'는 메시지를 보는 것이다.

답은 아폴론에게 있지 않다는 말이다. 네 생각, 네 판단, 네 결정을 못 믿으면서 '어찌 신에게 답을 구하려 하는가?'라고 반문한다. 신탁을 구하기 전 많은 이들이 이 글귀를 보고는 멈칫했을 것이다. 과연 신에게 내 문제와 고민과 걱정거리를 묻는 것이 맞는가? 그리고 많은 이들이 발길을 돌리며 자신의 문제를 스스로 해결하자고 마음을 고쳐 먹었을 것이다.

우리도 멈춰 서서 자신에게 질문을 던져보자. '나는 나 자신을 얼마나 알고 있는가? 내 아이에 대해 얼마나 알고 있는가?' 좋은 부모가 되기 위해서는 물어야 한다. 아이를 잘 키우고 싶다면 먼저 질문해보자. 나는 누구인가? 내 아이는 어떤 아이인가? 출발은 이 질문부터다.

아이의 기질적, 생체적, 심리적 특성을 파악한다

어렸을 적 외할머니 말씀이 기억난다. "지 아비를 닮아서 저렇게 부잡스러워." 그런가 하면 친할머니는 이런 말씀을 하셨다. "지 어미를 닮아서 고집이 세." 요즘도 가끔 아내에게 이런 말을 듣는다. "당신 닮아서 참을성이 없나봐." 그러면 질세라 나도 이런 말이 불쑥 나온다. "당신 닮아서 눈이 너무 예쁘네." 많은 부모와 조부모가 아이를 앞에 두고 무심코 던지는 이런 말들을 들어보았을 것이다. 우리는 아이의 어떤 행동을 보며 누구를 닮고 안 닮았다고 쉽사리 평한다. 좋은 면보다는 나쁜 면을 부각시켜 아이의 성격을 기정사실화하는 것이다.

그러고는 아이가 어떤 특정 행동을 보일 때면 "누구를 닮아서 저러는지?"를 수시로 입에 올린다. 아이는 당연히 자기 부모를 닮는다. 하지만 모든 성격이나 기질이 부모를 닮는 것도 아니다. 오히려 인간으로서의 보편적인 여러 특징이 아이에게 주로 나타난다. 그럼에도 우리는 '엄마나 아빠를 닮았다'고 치부해버린다. 사실 성격이나 성향보다는 겉으로 보이는 부모의 외모가 아이에게 더 뚜렷하게 드러난다고 볼 수 있다. 유전적 요인이 아이의 성향을 결정짓는 것은 분명하지만, 외모만큼 확정적이지는 않다.

대부분의 부모가 하는 말이다. "아빠 닮았나봐요. 머리가 좋아요." "엄마 닮았는지 수줍음이 많네요." "어릴 적에 아이 아빠가 짓궂었다는데 애도 그런 것 같아요." 영리하다거나 수줍다거나 짓궂다는 것은 상당히 추상적인 속성이다. 또한 상당히 주관적인 평가다. 부모는 아이가 보여주는 어떤 행동에 깜짝 놀라는 경우가 많다. "아니 우리 아이가 벌써 저런 말을 한다는 말이야?" "여보, 얘가 벌써 숫자를 알아요!" "어릴 때 엄마도 공부를 잘했는데 너도 나를 닮아 똑똑하구나!"

대부분의 아이는 특정 나이에 어른들(부모)이 보기에 굉장히 영리한 모습을 보인다. 내 아이만 똑똑한 것이 아니라 모든 아이가 눈치도 빠르고 말도 그럴듯하게 한다. 하지만 부모는 자기 아이만 그렇다고 착각한다. 그런데 엄마나 아빠 앞에서는 춤도 잘 추고 노래도 곧잘 부르는 아이가 다른 사람 앞에서는 뒤로 숨는다고 해서, 아이가 수줍음이 많다거나 소극적이라고 판단하기는 힘들다. 부모 앞에서는 짓궂다가도 어린이집에서는 얌전히 선생님 말을 잘 듣는 아이도 많다. 또 집에서는 조용한 아이가 학교에서는 리더십이 뛰어나고 친구들에게 인기가 많은 경우도 허다하다.

외적으로 드러나는 어떤 행동을 엄마나 아빠와 연결해 단정 짓는 것은 섣부른 판단일 수 있다. 부모의 주관적 생각으로 아이의 성향을 판단해서는 안 된다는 뜻이다. 앞에서 기질적으로 드러나는 '고반응성 또는 저반응성'에 대해 살펴보았다. 부모가 가진 반응성 정도나 기질적 특성과 상관없이 어떤 아이는 고반응성을, 다른 아이는 저반응성을 보인다. 같은 부모에게서 태어났지만, 형은 소심하고 동생은 적극적인 경우를 봐도 알 수 있다. 따라서 갓난아기 시절에 보여준 아이의 일관된 반응성 정도로 아이의 청소년기와 이후 성년으로의 성장을 추측하는 것이 보다 타당하다.

고반응성 또는 저반응성이라는 기질은 꽤 높은 수준의 연결성과 지속성을 보여준다. 고반응성을 보여준 아이는 유아기와 청소년기에 소극적인 성향을 나타낼 가능성이 높다. 이런 아이들은 그렇지 않은 기질의 아이들과 다른 공부, 다른 직업에 관심을 보인다. 그럼에도 부모들은 흔히 소극적인 태도가 문제인 것처럼 생각해 아이를 윽박지르고 억지로 끌어당겨 앞에 나서도록 만들려 한다. 반대로 활발한 활동을 선호하는 저반응성 기질의 아이를 통제와 제약으로 다루려 하기도 한다.

3장에서 설명한 것처럼 고반응성-소극성으로 이어지는 기질적 특징이 아이에게 불리하게 작용하지 않는다. 차분한 성향의 아이에게 능동성과 적극성을 요구하는 것은 맞지 않는 옷과 신발을 억지로 입히는 것과 같다. 활동적인 성향의 아이에게 소극성과 수동성을 바라는 것 역시 마찬가지다. 능동성이든 수동성이든, 소극성이든 적극성이든 둘 다 강점과 약점을 두루 갖춘 기질적 특징일 뿐이다. 모두가 운동선수나 연예인이 될 수 없고, 선생님이나 학자가 될 수 없다. 자기가 가진 기질적 특성에 어울리는 공부와 진로 선택을 통해 어른으로 성장하고 그에 맞는 직업을 가지는 것이 바람직하다.

다음으로 아이가 성장하면서 겪는 생체적 변화에 주목할 필요가 있다. 신체적 성장과 더불어 아이의 뇌도 큰 변화를 보인다. 아이는 단순히 어른의 축소판이 아니다. 뇌를 구성하는 여러 기관은 스무 살이 넘어서까지도 미성숙한 상태며, 여러 호르몬도 적게 또는 많이 분비되어 안정적이지 못하다. 앞에서 살펴본 것처럼 전전두엽 피질은 어른스러운 판단과 행동을 관장한다. 아동기나 청소년기에 보이는 아이들의 통제되지 않는 행동은 덜 여문 전전두엽 피질로부터 상당한 영향을 받는다.

또한 아이들이 과격한 모험 행동과 과도한 유희 활동에 몰입하는 것은 도파민이라는 호르몬의 영향이 크다. 청소년기에 최고치로 분비되는 도파민으로 인한 쾌락을 향한 무서운 질주는 많은 위험을 과소평가하게 만든다. 아이들이 무절제한 행동을 하기 쉽고, 게임이나 약물중독 등에 빠져들 가능성이 높은 것도 이 때문이다. 아이 때 굳어진 중독 증세는 어른이 되어서도 손쉽게 벗어날 수 없는 굴레로 작용한다. 부모인 우리가 아이의 사고와 행동에 관여해야 하는 이유가 여기 있다. 우리는 아이들의 몸과 뇌에 나타나는 특징들을 파악하고 이해해야 한다. 아이들이 보이는 어떤 행동의 원인이 어디에 있는지 안다면 그에 대처하고 반응하기 쉬울 것이다.

아이들의 심리에 대해서도 관심을 가져야 한다. 아이는 아이로서의 심리를 가진다. 아이기 때문에 어른과 다르고, 그래서 '아이'인 것이다. 그런데 부모는 아이의 성장과 더불어 모순된 태도를 보인다. 갓난

아기와 유아기 때는 하루하루 달라지는 성장에 감탄하고 놀라워하며 아이와 눈 맞추고 아이의 질문에 적극적인 자세를 보인다. 하지만 아동기를 지나 청소년기에 접어들면 감탄과 놀라움은 줄어들고 잔소리와 핀잔이 늘어난다. 아이와의 소통은 줄어들고 일방적인 요구와 일방적인 반응이 오가는 것이다.

　아이가 성장할수록 부모는 점점 더 화성인으로 변한다. 감정적 위안과 '내 편을 들어주기'를 원하는 금성인 아이와 정반대편에 부모가 서 있다. 아이가 꺼내놓은 투정과 불만에 부모는 너무 쉽게 찬물을 끼얹는다. 핀잔을 주고 책망을 하며 "공부해!" "학원 안 가니?"라는 말로 아이의 감정을 묵살하기 일쑤다. 아이가 하는 말을 들어주고 편을 들어주면 좋으련만, 부모는 결론을 내리고 판결을 내려버린다. 이것이 반복되면 아이는 점점 더 속마음을 꺼내놓지 않고 자기가 쌓아올린 마음의 성으로 도망친다. 결국 아이와 부모 사이에 의례적인 말의 교환 이외에 다른 정서적 소통은 사라져버린다.

내 아이를 알아야 길이 보인다

　대부분의 부모는 자신의 아이에 대해 잘 안다고 생각한다. 열 달 동안 기르고 낳아서 품에 안아 먹이고 입혔는데 모를 리 있겠는가? 하지만 의외로 자기 아이에 대해 모르는 부모가 많다. 아이의 이런저런 특성은 다른 사람보다 많이 알겠지만, 그런 특성이 무엇을 의미하고 앞으로 어떻게 변화할지에 대해서는 지식이 없다. 아이의 성격을 좌우하는 기질적 특성, 아이의 태도와 행동에 영향을 미치는 생체적 현상, 그리고 아이기에 부모에게 바라는 심리적 요구에 거의 관심을 두지 않는다.

흔히 아이의 적성과 소질에 맞는 교육을 강조한다. 직업 선택도 마찬가지다. 그런데 적성과 소질은 상당 부분 아이가 가진 기질적이고 심리적인 특성과 연결된다. 활동적인 아이가 좋아하는 것과 그렇지 않은 아이가 좋아하는 것은 다를 수밖에 없다. 차분한 아이가 원하는 장래 직업은 적극적 성향인 아이의 바람과 다르다. 그런 차이는 아이의 기질과 밀접하게 관련된다. 따라서 아이의 기질적 특징을 파악하고 그에 맞는 양육에 힘쓸 때, 아이가 보다 행복한 유아기-청소년기를 보낼 수 있다.

많은 부모가 아이의 성적 올리는 데 필요한 학원 정보는 얻으려 노력하면서도 평생토록 아이에게 영향을 줄 여러 정신적, 정서적 특성에 대해서는 별로 관심이 없다. 그러나 내 아이가 어떤 아이인지를 알아야 현재를 가늠할 수 있다. 아이가 무슨 마음인지를 알아야 장래를 예측할 수 있다. 이런 측면에서 자녀의 기질적, 심리적 특성을 검사하고 파악하기를 권한다. 심리와 기질에 대한 이해를 통해 아이의 여러 가능성을 탐색할 필요가 있다. 심리와 기질에 따른 아이의 흥미 요소와 그 반대 요소를 면밀히 분석해야 한다.

또한 아이의 성장에 생체적 변화가 크게 작용한다는 점을 깊이 인식해야 한다. 아이의 과도한 행동을 그 아이의 본래 모습이라고 치부해버려서는 안 된다. 정서적 트라우마Trauma가 작용한 심리적 문제인지, 아니면 그 또래 아이들에게서 나타나는 일반적인 생체적 특징인지 파악해야 한다. 생체적 특징이 반영된 것이라면 아이는 보통 다른 아이와 같은 모습으로 성장하고 있다는 뜻이다. 그러므로 부잡스럽다 또는 별나다는 흔한 규정으로 아이를 평가하는 것은 맞지 않다.

내 아이를 알아야 한다. 아이가 왜 그런 행동을 하는지를 알아야 한다. 아이를 알면 아이가 걷게 될 길이 어렴풋하게나마 보일 것이다. 그 길이 잘못된 길이라면 그 자리에 서서 다른 길이 어디 있는지 찾아볼 수 있다. 그 길이 제대로 된 길이라면 아이의 손을 잡고 용기를 내어 걸어가자. '아는 것이 힘'이다. 아이를 키우는 일에서는 '매우 큰 힘'이다. 나와 내 아이를 위해 지혜를 찾는 일을 게을리하지 말자.

부모 자신의 기질적, 심리적 특성을 자각한다

한국보건사회연구원은 2015년 전국에서 표본 추출한 1만 2,000가구를 대상으로 '가임기 기혼 여성과 미혼 남녀의 결혼·출산 행태' 조사를 실시했다. 조사 문항 가운데 하나는 '배우자의 조건으로 무엇을 가장 중요하게 생각하는가'였다. 첫 번째로 나온 대답은 '성격'(남성 44퍼센트, 여성 37퍼센트)이었다. 모 결혼정보회사가 회원을 대상으로 한 설문조사 결과도 흥미롭다. 재혼을 생각하는 회원들에게 '상대자의 조건으로 가장 중요시하는 것이 무엇인가?'를 물었다. 그 결과 첫째 '나와 잘 맞는 성격'(23퍼센트), 둘째 '재산 및 직업'(21퍼센트)이었다.

이혼한 남녀 502명(남녀 각 251명)을 대상으로 조사한 내용도 앞의 결과와 별반 다르지 않았다. '초혼 때 배우자 조건 중 어떤 점을 간과해 결혼에 실패했다고 생각하는가?'라는 질문에 26.3퍼센트의 남성과 25.1퍼센트의 여성이 '성품'이라고 답했다. 그리고 '재혼 상대를 선택할 때 가장 먼저 보는 것이 무엇인가?'라고 물었더니, 이런 경향이 더 두드러졌다. 복수응답이 가능하도록 물은 결과 남성은 무려 80퍼센트가 첫 번째로 '성격'을, 그다음으로 '용모'(44퍼센트)를 선택했다. 여성은 92.8퍼센트가 '성격', 그다음으로 '경제력'(83퍼센트)을 꼽았다.

부모와 아이를 다루는 글에서 결혼과 관련된 조사 결과를 언급하는 것이 생뚱맞게 보일 수도 있다. 그런데 이런 결과는 나와 아이 사이의 문제와도 관련이 크다. 우리는 누군가를 만나 결혼하고 아이를 낳았다. 사람들이 결혼생활을 하면서 가장 힘들어하는 문제가 성격 차이라는 결과를 보았다. 아이가 겪는 어려움도 부부의 성격 차이로 인한 문제일 가능성이 매우 크다. 왜냐하면 부부의 성격 차이로 인한 감정적 좌절이 아이에게 고스란히 전달되기 때문이다.

부부는 살다 서로 맞지 않으면 갈라설 수도 있다지만, 아이는 부모와 갈라설 수도 벗어날 수도 없다. 부모의 성격이 온화하고 다정다감하다면 아이는 행복할 것이다. 하지만 부모가 기질적, 심리적으로 문제가 있다면 그로 인한 피해를 피해가기 어렵다. 여기서 무엇보다 중요한 문제는 부모가 자신이 가진 기질적, 심리적 특성에 대해 잘 모른다는 점이다. 또는 자신의 문제를 안다고 하더라도 이를 방치하고 해결하는 데 적극적이지 않다. '누구는 그렇게 애 안 키우나?'라고 자위

하면서 말이다.

서울가정법원 신순영 판사는 한 언론사와의 인터뷰에서 아동폭력과 가정폭력의 심각성을 밝히며, 법원 아동상담실에서 만난 사례를 들어 폭력의 대물림 현상을 설명했다. 상담을 했던 아이의 첫인상은 가정폭력의 피해자가 맞나 싶을 정도로 밝았지만, 그림을 그려보라고 하자 아빠를 괴물로 표현하며 내면에 가득한 공포를 드러냈다. 아이 아빠의 겉모습은 전혀 그래 보이지 않았는데, 상담을 해보니 그 역시 어린 시절부터 가정폭력에 시달리며 학대를 받아온 사람이었다. 본인도 공포 속에서 성장한 탓에 자존감도 낮고 아이를 어떻게 대해야 할지 모르는 상태였다. 가정폭력의 피해자가 가정폭력의 가해자로 자라서 아이와 아내에게 폭력을 행사했던 것이다. 이 사례에서 보듯 가정폭력의 희생자인 두 사람, 아빠와 아이 모두 겉으로는 알 수 없는 기질 속 심리 저 너머에 다른 모습을 숨기고 있었다.

보건복지부와 중앙아동보호전문기관은 매년 '전국아동학대현황보고서'를 발표한다. 이 통계에 따르면 지난 2014년 아동학대 신고 건수는 무려 1만 7,000건이 넘었다. 이는 10년 전인 2004년의 3,891건에 비해 4.5배가량 증가한 수치다. 단순히 사건 발생 수만 늘어난 게 아니라 가해자의 특성도 '경제적으로 어려운 가장'에서 '주변에서 흔히 보는 일반인'으로 변하고 있다. 가해자들의 직업을 보면 상대적으로 고용 상태가 안정적이라고 볼 수 있는 관리직, 전문직, 기술직, 준전문직, 사무직이 전체 가해자의 21.6퍼센트를 차지한다. 2004년에는 이런 직종이 차지하는 비율이 10.8퍼센트였으며, 가해자

중 기초생활수급권자의 비율이 18.5퍼센트로 2004년 22.5퍼센트에 비해 4퍼센트 하락했다.

그리고 아동학대를 한 행위자 중 81.8퍼센트가 피해 아동의 부모였다. 9.9퍼센트는 대리 양육자, 5.6퍼센트는 친인척이었으며, 타인에 의한 아동학대는 1.2퍼센트에 불과했다. 또 아동학대의 원인 중 가장 많은 부분을 차지한 것이 '양육태도 및 방법 부족'(33.1퍼센트)이었다. 사회·경제적 스트레스 및 고립(20.4퍼센트), 부부 및 가족 갈등(10퍼센트), 성격 및 기질문제(7퍼센트), 중독문제(6.7퍼센트) 등이 뒤를 이었다.

부모의 상처가 아이에게 옮지 않도록 하자

아동학대의 원인에 주목해보자. 주요 원인으로 나타난 양육태도 및 방법 부족과 사회·경제적 스트레스 및 고립을 어떻게 해석할 것인가. 첫 번째 원인은 한마디로 '잘 몰라서'라는 것이다. 두 번째 원인은 '열 받아서'다. 잘 몰라서 또 열 받아서 아이를 학대한다는 것을 쉽게 납득할 수 있는가? 스마트폰으로 검색만 해도 아이 양육에 관한 지식은 차고 넘친다. 부부 갈등이나 배우자의 폭력 또한 아동학대의 이유가 될 수 없다. 단적으로 말해 아동학대는 부모의 기질적, 심리적 문제와 깊은 관련이 있다는 것을 시사한다.

부부간 폭력이 행사되는 경우 아이에게도 폭력이 가해지는 경우가 대부분이다. 부부 갈등이 아이에게 폭력 행사라는 앙갚음으로 돌아가는 것이다. 또한 아동학대 피해자가 성장해서 자신의 자녀나 아내를 학대하고 노인이 된 부모를 학대하는 중복 폭력의 가해자가 되는 현상이 의외로 많다. 아동학대 가해자 가운데 76퍼센트 정도가 어린 시절 폭력 피해에 노출된 적이 있으며, 73퍼센트 정도는 주 양육자로부터 신체적으로 학대를 받은 피해자였다는 사실이 보고되었다.

아동학대나 가정폭력은 극단적인 사례라 말할 수도 있다. 하지만 부모가 가진 기질적, 심리적 특성이 아이에게 어떤 영향을 미치는지를 단적으로 보여주는 사례다. 그리고 부모의 학대로 엄청난 고통을 겪은 다음 외상 후 스트레스 장애를 가지고 결혼하는 이들이 많다는 말이다. 이들은 부모가 되어 아이에게 부정적 영향을 끼칠 가능성이 높으며 실제로 그렇다는 것이 여러 조사를 통해 밝혀지고 있다. 한편 앞에서 제시한 결혼과 이혼 그리고 재혼 관련 조사들은 성격 차이로 사람들이 결혼생활 동안 얼마나 심각한 정신적 고통을 감수하면서 사는지를 보여준다.

먼저 부모 자신이 스스로의 기질과 성향을 파악해야 한다. 내가 어떤 사람인지 알아야 아이와 내가 어떤 점에서 잘 맞고 어떤 점에서 맞지 않는지 알 수 있다. 그런데 의외로 많은 부모가 자기 성격을 잘 모른다. 어렴풋이 알고는 있지만 그런 성격적 특성이 어떻게 드러나고 어떻게 문제 상황으로 이어지는지를 모르는 경우가 대부분이다. 스스로는 정상이라 생각하지만, 특정 상황이나 조건하에서 문제를 드러낸다는 것을 자각하지 못하는 경우도 많다. 따라서 자기 자신이 무엇에 취약한지, 어떤 것은 감내할 수 있지만 어떤 것은 도저히 참아낼 수 없는지 파악하는 것이 중요하다. 자신이 가진 성격적 기질적 특성을 인지해야 그것이 내 아이에게 어떤 영향을 미칠지 파악하고 이에 대비

할 수 있다.

뇌과학 용어 가운데 '거울 뉴런Mirror Neurons'이라는 말이 있다. 이는 어느 특정 행동을 하는 사람에게서 나오는 뇌파가 그것을 보는 사람에게서도 똑같이 나타나는 현상을 가리킨다. 즉 나쁜 행동은 보기만 해도 거울처럼 그대로 따라 하게 된다는 것이다. 어려서 부모로부터 신체적 폭력을 경험한 사람은 자연스럽게 아무런 도덕적 거부감 없이 자기 자식에게도 그렇게 행할 수 있다고 생각하게 된다. 그는 자신이 제어하기 어려운 극한의 상황에서 무의식적으로 부모로부터 보고 겪은 것들은 그대로 답습한다.

앞에서 아이의 기질적, 심리적 특성이 아이의 현재를 보여주고 장래를 예측할 수 있게 한다고 말했는데, 부모의 기질과 심리도 아이의 현재와 미래에 큰 영향을 미친다. 그러므로 부모도 자신의 기질과 심리를 검사해볼 필요가 있다. 아이의 행복한 현재와 미래는 부모가 함께 만들어가는 것이기 때문이다.

아이는 부모를 닮는다. 부모는 자신의 생김새가 어떤지 알아야 한다. 거울을 보면서 찬찬히 살펴야 한다. 어떤 부분이 이지러졌는지, 어떤 부분이 손상되었는지 똑바로 바라보아야 한다. 부모의 이지러진 부분이 아이에게 옮아갈 가능성이 매우 크다. 따라서 스스로를 잘 살피고, 자신의 상처가 아이에게 전염되지 않을까 염려하며 부모의 길을 걸어가야 한다.

부모와 아이의 교집합을 키운다

어젯밤 꿈속에 나는 나는 날개 달고
구름보다 더 높이 올라 올라 갔지요
무지개 동산에서 놀고 있을 때
이리저리 나를 찾는 아빠의 얼굴
무지개 동산에서 놀고 있을 때
이리저리 나를 찾는 아빠의 얼굴

하중희 작사, 이수인 작곡의 〈아빠의 얼굴〉이다. 이 노래는 1969년 MBC 텔레비전 개국 기념으로 방영된 드라마 〈아빠의 얼굴〉의 주제곡이다. 노래가 나온 지 50년 가까운 시간이 흘렀지만 지금도 어린이들이 즐겨 듣고 부른다. 필자는 이 노래를 들으면 아련하게 떠오르는 추억이 있다. 어릴 적 엄마 아빠 손을 잡고 찾았던 어린이대공원에서 이 노래를 들으면 가슴이 뿌듯했고 집으로 돌아가려 공원 문을 나설 때는 서운한 마음이 밀려왔다. 어른이 되어서도 이 노래를 들으면 엄마 아빠와 함께했던 순간이 떠오르고 훈훈함과 기분 좋은 아쉬움이 교차하는 묘한 느낌을 받는다.

또 이런 기억도 생생하다. 초등학교 시절 부모님이 어렵게 돈을 모아 처음으로 작은 가게를 마련했다. 아버지는 자전거를 사서 그 자전거로 짐을 나르며 일했다. 가게가 나름 자리를 잡았고 그 덕에 세 명의 아이들을 키웠던 듯하다. 어느 날 아버지가 우리 삼남매를 자전거 앞

뒤에 태워주었는데, 지금 같으면 위험하다 싶었겠지만 당시에는 그런 생각 없이 아버지가 태워주는 자전거 길이 무척이나 행복했다. 이윽고 자전거가 한강 다리에 이르렀고 석양이 지는 한강을 바라보며 시원한 바람을 맞았다. 우리가 들뜬 마음으로 다리 위를 이리저리 뛰어다니는 동안 아버지는 담배를 꺼내 물며 해가 지는 서쪽 하늘을 바라보았다. 문득 내 눈에 하루도 빠짐없이 이어지는 고된 노동을 견뎠을 아버지의 등과 어깨가 들어왔다. 어린 마음에도 당당하고 넓은 등과 어깨가 그렇게 믿음직스러울 수가 없었다. 그 벅찬 느낌과 함께 석양을 바라보는 아버지의 옆모습이 영원한 잔상으로 남아 있다. 그리고 아슬아슬하게 자전거를 타고 돌아오는 길에 우리는 경양식집에 들렀고, 노란 봉투에 담아주던 치킨 두 마리 또한 잊을 수 없는 기억이다.

누구나 부모와 함께한 이런 추억 한두 가지는 가지고 있을 것이다. 때로는 가슴 먹먹하고 때로는 미소가 살짝 지어지는 그런 추억들 말이다. 부모가 된 우리는 내 아이와 함께한 소소하고 자잘한 순간을 기억하지 못할 수도 있다. 실제로 아버지께 우리 삼남매를 자전거에 태웠던 일을 말씀드리면 "그런 적이 있었느냐"는 반응이다. 하지만 우리가 어린 시절 그랬던 것처럼 아이들은 작은 추억을 지금도 가슴에 차곡차곡 담고 있다.

심리학자 김정운은 이런 순간들을 '리츄얼Ritual'이란 개념으로 정의했다. 리츄얼은 원래 '의식儀式 또는 예식禮式'이라는 뜻을 가진 거창한 단어다. 하지만 김정운은 삶의 자잘한 순간 또한 리츄얼이라 부른다. 기억에 그리고 가슴에 남는 소소한 일상이 우리 삶을 풍요롭고 가치

있게 만들어준다는 것이다. 필자에게 노래 〈아빠의 얼굴〉은 부모님과 함께한 리츄얼 음악이다. 버스가 쌩쌩 지나가는 도로 위를 따라 아버지랑 동생들과 함께 달렸던 짧은 자전거 여행도 잊을 수 없는 리츄얼이다. 요즘 아이들은 학원으로 부모는 직장으로 내몰리지만, 어릴 적 가슴으로 안았을 리츄얼들은 의외로 많을 것이다.

산수 시간에 배우는 내용 가운데 교집합이 있다. 두 집합이 공통으로 가지는 부분을 교집합이라 한다. 교집합이 크면 클수록 두 집합이 공유하는 부분이 많다는 뜻이다. 부모와 아이 사이에 교집합이 크다면 부모와 아이가 공유한 부분이 많다는 뜻이고, 부모와 아이가 간직한 마음의 기억이 많다는 것이다. 또 교집합을 키운다는 것은 부모와 아이가 공유할 수 있는 영역을 넓힌다는 뜻이다. 마음에 남을 부모와 아이의 사진과 동영상이 많아진다는 뜻이기도 하다.

이는 비싼 돈을 들여 떠나는 해외여행이나 고급스러운 선물을 의미하지 않는다. 어른이 되어 떠났던 여행 중 기억에 남는 것은 근사한 기내식이 나오는 비행기 여행이 아니다. 군대에서 휴가 나온 친구와 훌쩍 떠났던 강릉행 새벽기차. 새벽 6시에 바라본 눈을 뜨기 힘들 정도로 찬란했던 동해의 일출과 비릿한 바다 내음. 그런 순간에 깃든 가슴 뿌듯함과 행복감이 부모와 아이, 나와 친구 사이의 교집합이다.

부모와 아이의 교집합은 의외로 단순한 자리에 있을 가능성이 높다. 케첩을 듬뿍 뿌려서 내놓은 노란빛 오므라이스. 아파트 공터에서 아빠와 뛰어넘었던 줄넘기. 털 빠진다는 엄마의 잔소리를 들어가며 애지중지 키우던 강아지. 몇 해 전에 읽은 신문기사가 그런 느낌을 생생하게 전해주었다. 기자는 친한 교수로부터 신년 모임에 참석하기 어렵다는 전화를 받았다고 한다. 키우던 반려견이 위독하다는 것이 이유였다. 16년을 함께한 반려견 때문에 온 식구가 공황 상태라는 말과 함께. 반려 동물을 키우지 않는 사람들은 이해하기 어려운 광경이지만, 사연을 들어보면 이해할 수 있다.

그 집 강아지는 막내아들과 가장 친했는데, 막내가 대학생이 되고 군에 입대하기 전까지 늘 막내의 발치에서 잤다. 형제가 입시 준비로 늦게 귀가할 때면 어두운 현관 신발장 옆에서 하염없이 기다렸다. 형제 중 하나라도 들어오지 않으면 현관을 떠나지 않았고 부모가 아이들을 나무라면 짖어대며 막기도 했다고 한다. 강아지는 나이가 들고 병세가 악화되어 음식은 물론 물도 입에 대지 못한 채 보름간 투병하면서도 형제의 방문 앞을 지켰다는 것이다. 다른 쪽으로 옮겨 놔도 한밤중에 사력을 다해 몸을 움직여 아이들 방으로 향했고 목을 틀어 군에 간 막내의 방에서 시선을 떼지 않았다고 한다. 결국 해가 바뀌고 얼마 후 숨을 거둔 반려견을 교수 내외는 막내가 입던 옷에 정성스럽게 싸 근처 양지바른 곳에 묻어주었고, 큰아들은 작은 봉분을 쓰다듬으며 소리 없이 흐느껴 울었다고 한다. 군대에서 휴가 나온 막내 또한 무덤가에서 한없이 울었다고 한다. 이처럼 반려견은 부모와 아이들의 교집합이었다. 그런 교집합을 중심으로 아이는 성장하고, 어른이 되는 과정에서 사랑과 연민을 배우며, 마음속에 따뜻함을 채웠을 것이다.

또다른 동요 〈꽃밭에서〉(어효선 작사, 권길상 작곡)는 아빠와 아이의 소박한 리츄얼, 그들 사이의 교집합을 이렇게 보여준다.

아빠하고 나하고 만든 꽃밭에
채송화도 봉숭아도 한창입니다
아빠가 매어놓은 새끼줄 따라
나팔꽃도 어울리게 피었습니다

애들하고 재밌게 뛰어 놀다가
아빠 생각나서 꽃을 봅니다
아빠는 꽃 보며 살자 그랬죠
날 보고 꽃같이 살자 그랬죠

교집합은 부모와 아이의 같은 취향, 성격, 생각을 말하는 것이 아니다. 같이한 경험 속에 간직한 아이의 느낌, 추억, 그리고 이미지다. 특별한 의미나 가치를 부여한 특별한 행사를 뜻하는 것이 아니라, 오랫동안 부모와 아이가 함께해온 일상의 흔적들이 리츄얼이고 교집합이다. 아빠와 함께 만들어가는 꽃밭은 리츄얼이고, 그 꽃밭에서 자란 꽃은 아빠와 아이의 교집합이다. 같이한 경험은 많을수록 좋다. 그 경험 가운데 리츄얼로 기억되는 것이 생기고, 교집합으로 아이와 부모가 간직할 마음의 보물들이 나온다.

교집합은 서로에 대한 이해의 폭을 넓힌다는 뜻이다. 아이의 성격을 부모가 이해하고 부모의 취향을 아이가 존중해주는 것이다. 부모와 아이가 같은 입맛일 수는 없다. 아이가 싫어하더라도 부모가 좀더 몸에 좋은 음식을 먹이려 노력하는 것처럼 의견 충돌이 있을 수 있고 마음이 상할 때도 있지만, 부모가 왜 그런 권유와 노력을 하는지를 이해하면 받아들일 수 있다. 교집합은 서로 차이가 있음에도 공유되는 가치를 통해 인정하고 이해받는 것이다.

교집합은 부모의 강요로 만들어지지 않고 아이의 무리한 요구로 형성되지도 않는다. 물론 교집합을 키우는 데는 노력과 관심이 필요하며, 부모가 앞장을 서야 한다. 좋은 경험과 좋은 실천을 통해 아이를 이끌어야 한다. 경험과 실천을 통해 아이는 성장하고 이는 아이의 마음에 소중하게 간직된다. 교집합은 좋은 기억, 마음 따뜻해지는 추억이다. 건강한 아이는 건강한 기억과 추억으로 구성된 교집합을 부모와 함께 공유하고 있다.

실현 가능한 미래를 그린다

> 아이가 스스로 할 수 있다고 생각하는 일은 절대 도와주지 마라.
> _ 교육가 마리아 몬테소리

포기의 미덕과 포기할 줄 아는 지혜

작고한 영문학자 장영희 교수가 전해준 동화 〈둥근 새는 날 수 없다 Round Bird Can't Fly〉를 소개한다.

작고 둥근 새가 있었습니다. 그 새는 몸이 동그랗고 날개가 작아서 날 수가 없었습니다. 하지만 둥근 새는 무슨 일이 있어도 꼭 날고 싶었습니다. 이런 저런 시도를 다 해보았지만 날 수가 없었습니다. 둥근 새는 나무를 이용해 보기로 했습니다. 그래서 아주 힘겹게 나무 위로 올라갔습니다. 그리고 안간 힘을 다해 날개를 퍼덕여 날아보았습니다. 하지만 둥근 새는 그냥 떨어져버렸습니다. 마침 나무 밑에 나뭇잎이 수북이 쌓여 있어 다행이었습니다.

그리고 이어지는 결말.

이제 둥근 새는 자신이 아주 많이 원하고 노력해도 할 수 없는 일이 있다는 것을 알았습니다. 둥근 새는 나는 것을 포기하고 둥근 새만이 할 수 있는 일이 무엇인지 골똘하게 생각하기 시작했습니다.

장영희 교수는 동화가 전하는 결말에 아연실색했다고 한다. 겨우 열두어 쪽에 불과한 이야기를 읽으며 둥근 새가 마침내 날아오르는 장면이 언제 나올까 기다렸다고 한다. 나무 위로 올라갔다가 떨어지기를 반복하다 마침내 다른 새처럼 창공을 날아가는 것이 당연한 결말이리라 생각했지만 그렇지 않았다.

우리가 알고 있는 대부분의 동화는 '그래서 행복하게 잘 살았답니다' 또는 '마침내 자신의 꿈을 이루었습니다'로 끝난다. 말 그대로 해피엔딩이고 소망하는 모든 일이 술술 풀려나간다. 장영희 교수는 동화를 들려주었던 친구의 딸에게 "이게 끝이야. 근데 둥근 새가 다른 새처럼 날아가는 게 끝이었으면 좋을 텐데. 그치?"라며 동의를 구했다. 하지만 아이는 의아한 듯 대답했다고 한다. "왜요? 둥근 새는 날지 못하지만 아마 둥글둥글 잘 구를걸요." 그렇다. 아이의 말이 맞다. 우리가 살아가는 세상은 지금은 '해피'하지만 내일 어떤 일이 나를 슬프게 만들지 알 수 없다. 현실에서는 아무리 노력해도 할 수 없는 일이 있다. 아니 너무 많다.

장영희 교수는 이 동화를 통해 '포기도 미덕'임을 깨닫고 '포기의 지혜'를 배웠다고 한다. 동화 내용도 내용이지만, 새로운 시각을 보여준 꼬마 아이의 깊은 생각에 더 놀랐을지도 모른다. '포기'란 부정적인 말이지만 때로는 현실을 제대로 인지하는 지혜일 수도 있다. 뒤로 물러나 욕심부리지 않는 것이 우리 삶을 더욱 값지게 만들 수도 있다. 아이 키우기도 마찬가지다. 현실을 똑바로 보면서 올바른 선택을 위해 '버리기, 비워내기, 거두어들이기'가 필요하다. 아이에게 모든 것을 꽉꽉 채워주기보다 부모가 지닌 역량과 범위 안에서 버리고 비워내면서 결정하고 행동으로 옮겨야 한다.

아이 기르는 일에 완벽은 없다

피겨스케이팅 선수 김연아는 완벽한 연기를 위해 매일매일 눈물 나도록 혹독하게 연습했다. 스핀 기술을 연마하는 연습을 오래하다 보니 발목이 약간 안쪽으로 구부러졌다고 한다. 그렇게 열심히 노력했어도 김연아 선수는 피겨 연기가 끝난 후 인터뷰에서 자주 "완벽하지 못했다"고 말했다. "최선을 다했고 원하던 연기가 나와 만족스럽다" 정도가 본인에게 보내는 최고의 찬사였다. 김연아는 물론이고 많은 운동선수와 예술가 들이 완벽을 향해 연습하고 땀을 흘린다. 하지만 그런 노고에도 불구하고 완벽이란 있을 수 없다. 한 번의 승리, 한 번의 성공만 있을 뿐, 다시 완벽을 향해 연습하고 나아가는 것이다.

아이를 키우는 일에서도 '완벽'은 없다. 굳이 완벽이라는 말을 하는 이유는 부모가 쏟는 '정성' 때문이다. 부모는 자기 아이에게 더 잘해주고 더 완벽하게 해주고 싶어 한다. 그래서 노심초사하며 아이를 대하고 돌본다. 인지상정人之常情이다. 어떻게 낳은 아이인데 함부로 키우겠는가? 다른 아이 못지않게, 아니 더 많이 해주고 싶은 게 당연하다. 그런데 문제는 자신이 처한 현실과 상황에 있다.

직장에 다니는 엄마라면 갓난아기를 어찌 돌볼 것인가? 어린이집은 어떻게 보내며, 야근이라도 하게 되면 누가 아이를 돌볼 것인가? 친정부모나 시부모가 가까이 산다면 그나마 다행이다. 그래도 아이를 봐주는 부모님들께, 할머니 손에서 자라는 아이에 대한 미안한 마음은 어쩌지 못한다. 또는 전업주부라 아이를 내 손을 돌보지만 경제 사정이 넉넉지 않아 아이들을 뒷바라지하기가 버거울 수 있다. 이처럼 우리가 처한 현실이 녹록지 않다.

요즘에는 육아를 함께하는 부부도 많지만 여전히 그렇지 않은 가정이 대부분이다. 아이에 대한 대부분의 부담을 엄마가 지고 있다. 육아는 많은 시간을 요구하며 노동의 강도 또한 높다. 젖먹이는 젖먹이대로 이유기 아이는 그 아이대로 일이 많다. 어린이집에 보낸다고 해서 엄마의 일이 확 줄어드는 것도 아니다. 활동성이 커지고 행동반경이 넓어진 아이를 보며 긴장의 끈을 놓을 수 없다. 아이의 인지가 발달하고 뇌 발달이 빨라지는 나이에 이르면 교육에 관해서도 고민해야 한다. 물론 아빠라고 해서 그런 아내를 나 몰라라 하며 편하게 사는 것은 아니지만, 직장인 남편이 한창 바쁘게 일해야 하는 시기가 대개 아이가 한창 자라는 때와 겹친다.

공교롭게도 직장생활, 살림, 육아, 교육 등의 여러 어려움이 경험 없는 젊은 부부에게 한번에 닥친다. 모두 생소한 것들이고 다른 사람의 도움이나 지원도 한계가 있다. 아무리 자기 생활과 삶을 잘 조직하고 운용하는 사람이라고 해도 아이를 갖고 부모가 되는 일에 준비가 완벽한 사람은 없다. 책을 읽고 친구와 친척을 관찰하고 또 어린 시절의 기억을 떠올릴 수 있지만, 결코 충분하지 않다. 간접적인 경험과 현실 사이의 거리는 너무나 멀다. 남의 아이가 자라는 모습을 지켜보는 것과 내 아이를 키우는 현실은 관객과 배우의 거리만큼이나 멀 수밖에 없다.

그래서 많은 부모가 불안감과 부담감에 시달린다. '내가 아이를 잘 키울 수 있을까' '아이가 잘못되면 어쩌나' '다른 아이들은 잘하는데 내 아이만 못하면 어떻게 할까' 하는 불안감이 크다. 아이가 자라면서는 돈이 더 많이 필요하다. 다른 아이들은 벌써 영어학원, 영재학원에 보낸다는 소리를 들으면 가슴이 답답하다. 아이는 이런저런 장난감을 들고 나온 옆집 아이를 부러운 시선으로 바라본다. 부모의 부담감이 갈수록 커지는 이유다.

온갖 유아용품, 장난감, 교육 자료가 부모의 시선을 끈다. 아주 어린 나이부터 다닐 수 있는 사설학원이 여기저기서 성업 중이다. 초중고로 이어지는 교육 과정에서 보습학원은 빼놓을 수 없는 필수 코스가 되었다. 더구나 자녀를 한 명만 둔 가정이 많다. 귀하디귀한 자식이 오로지 그 아이뿐이다.

부모와 아이를 둘러싼 외부 환경은 더 좋은 것, 더 멋진 것을 향하게 만든다. 나와 다른 부모, 내 아이와 다른 아이를 비교하도록 만든다. 인터넷상에 떠도는 온갖 유아, 아동, 청소년 관련 정보는 나를 쪼그라들게 한다. '세상에 이런 것도 있었구나!' '나만 모르고 있었던 것은 아닐까?' 어쩌다 만난 '돼지엄마'(은어로 교육열이 매우 높고 사교육 정보에 정통해 다른 엄마들을 이끄는 엄마를 이르는 말)는 들어본 적 없는 이야기로 머리를 어지럽힌다. "아이 나이가 몇인데 아직도 산수를 하고 있어요? 다들 수학영재학원에 다닌다고. 특목고 안 보낼 거예요?" 이제 겨우 초등학교 3학년 학부모인 내게 핀잔처럼 던지는 말이다.

느지막이 낳은 아들 하나가 전 재산이나 마찬가지일 것이다. 둘째를 생각해보지만, 아이 하나 기르는 것도 벅차다. 비록 어린이집을 무상으로 보낸다지만 각종 과외 활동 비용으로 돈이 많이 들어간다. 유치원에 들어가면 상황은 또 달라진다. 초등학교, 중학교, 고등학교를 생각하면 아찔하다. 아이 하나만 잘 키우는 것도 희망사항이 아닌가 싶다. 아이를 대학까지 졸업시키는 데 무려 3억 원이 넘는 돈이 드는 현실이다. 그마저도 평균이다. 더 좋은 학원, 더 나은 교육 환경을 제공하려면 경제적 부담이 이만저만이 아니다.

많은 부모가 아이 하나나 둘을 키우면서도 예전보다 더 심한 불안감과 부담감을 안고 살아간다. 그런데 아이가 많다거나 경제적 어려움이 크다는 것이 부모가 느끼는 불안감과 부담감의 제일 중요한 원인은 아니다. 나와 아이가 헤쳐 나아갈 환경이 불안과 부담감을 극한으로 이끈다. 이런 마음이 커지면 커질수록 우리 눈은 침침해지고 귀는 더욱 얇아진다. 현실에 대한 분명한 판단보다는 번쩍이는 사설학원 간판과 네온사인에 눈길이 간다. 현란한 말솜씨를 뽐내는 돼지엄마의 말 한마디에 마음이 흔들리고 걱정이 앞선다.

실수와 시행착오를 거듭하며 나아가기

'강박'은 여기서 시작된다. 부모인 우리는 '완벽'을 향한 레이스를 펼치려 한다. 그런데 아이의 성장은 운동경기가 아니다. 종종 인생을 마라톤에 비유하지만, 누군가를 이기고 1등을 차지해야 하는 마라톤이 아니다. 아이가 꼭 마라톤을 뛸 필요도 없다. 마라톤을 하다가 농구에 매력을 느껴 농구장으로 향할 수도 있고, 운동이 싫어져 바이올린을 집어들 수도 있다. 인생이란 그런 것이고, 아이의 성장은 어느 한 곳에 매여 있지 않다. 아이는 각자 자신이 걸어갈 성장 경로가 있다. 우리가 이리저리 부딪치고 깨지고 또 올라서고, 그러다 결혼해서 아이를 낳고 현재에 이른 것처럼 말이다.

강박을 버리고, 완벽을 머릿속에서 지우라고 말하기는 어렵다. 나를 둘러싼 환경이 나와 내 아이를 붙들고 놓지 않는데, 이를 억지로 떼어놓고 무시하기는 어렵다. 순응이 필요할 때도 있다. 강박이 때로는 나와 내 아이를 발전시키는 원동력일 수도 있다. 좀더 나은 미래를 향해 노력하고 분투할 수 있는 힘이 될 수 있다. 강박을 적정 수준에서 조절할 수만 있다면 말이다. 완벽을 향해 달려가는 운동선수와 예술가를 아이를 위한 삶의 본보기이기도 하다. 넘어졌다 일어나고, 쓰러졌다 다시 서는 과정은 아이를 더 단단히 만들 수 있다. 아이도, 엄마도, 아빠도 모두 처음 하는 일들이다. 실수와 시행착오를 거듭할 수밖에 없다.

완벽하려 하면 할수록 자신을 괴롭히고 아이를 들볶는다. 강박이 지나치면 나와 아이를 방치하게 된다. 좋은 학원에 보냈으니, 돈을 많이 썼으니 아이가 잘될 거라 믿으며 말이다. 인생은 질주하는 레이스가 아니다. 멈춰 서기도 하고, 롤러코스터를 타는 기분이 들기도 하고, 느릿느릿 걷다가 뛰어야 할 때도 있다. 아이들은 그런 것들을 배우며 성장해야 한다. 부모라면 누구나 불안하고 부담감도 크다. 하지만 이 모든 것이 아이와 함께 겪어내야 할 통과의례다. 떨쳐버리려 하지 말고 잘 다독여야 한다. 아이가 나름의 길을 걸어갈 그 순간까지 친구 삼아 잘 붙들고 가야 한다.

내 아이가 자기 나름의 길을 잘 걸어갈 거라고 믿어야 한다. 믿음은 믿음의 결과를 반드시 보여주고 가져다준다. 나는 내 아이를 잘 길러낼 수 있다고 믿자. 부모인 내가 가진 그 믿음이 아이에게 전해질 테고, 아이는 그 믿음을 근거로 잘 자라줄 것이다. 처음이라 모두들 서툴렀지만, 대부분의 부모가 성공을 거두었다. 또한 아이들도 잘 자랐다. 그러니 부모인 당신도, 아이도 분명 성공에 이를 것이다. 믿음을 가지고 나아가자.

부모 노릇은 불가능에 대한 도전이 아니다

EBS 〈육아일기〉와 〈60분 부모〉를 연출한 강영숙 PD가 털어놓은 자신에 관한 일화다.

육아 프로그램을 만드는 저 역시 육아불안은 피해갈 수 없었습니다. 첫 아이를 임신했을 때 〈육아일기〉라는 프로그램을 만들고 있었어요. 임신 중에 임신, 출산과 관련된 프로그램을 만들 수 있었으니 운이 좋았던 셈이지요. 프로그램을 만들면서 많이 배운 덕에 씩씩하게 임신기간을 보낼 수 있었습니다. 육아휴직이 보편적이지 않았던 때였지만, '자신 있게' 육아휴직도 신청했지요. 그런데 막상 아기를 낳고 보니 프로그램을 만들면서 배운 모든 게 뒤죽박죽이 됐습니다.

생후 70일 된 아이를 집에서 혼자 보고 있을 때였어요. 이 무렵이면 목을 가눈다고 들었는데, 우리 애도 목을 가누는지 갑자기 궁금해지더라고요. 그래서 안아봤더니 목이 똑바로 서질 않고 뚝 떨어지는 겁니다. 너무 무서워서 선생님께 바로 전화드렸잖아요. 기억하시죠? 선생님께서 그렇게 불안하면 아기를 데려오라고 말씀하셨어요. 검사해보니 아무 문제가 없었지요. 그때 집으로 돌아가는 택시 안에서 얼마나 울었는지 모릅니다. 잘 자라고 있는 아기를 잠깐이라도 문제가 있다고 생각했다는 게 너무 미안했습니다. 편하게 집에서 자야 하는데, 택시 안에서 자게 한 것도 미안하고, 검사 끝나고 근처 식당에서 선생님하고 밥 먹을 때 방석 위에 눕혀 놓았던 것도 미안했고요. 온통 미안한 마음뿐이었지요. 근데 더 슬펐던 건 뭔지 아세요? 아기가 엄마 편하게 밥 먹으라고 생글생글 웃으면서 식당 방석 위에 순하게 누워 있던 거였어요. 차라리 울며 젖 달라고 떼를 썼으면 덜 미안했을 텐데 말이지요.

_《엄마가 행복한 육아》, 김수연·강영숙, 지식채널, 2012, 31-32쪽

매일 출산과 육아 관련 프로그램을 연출하며 살았던 방송국 PD조차 자기 아이를 기르는 데서 오는 어려움을 토로한다. 남의 아이를 객관적으로 보고 판단할 때와 자기 아이를 주관적으로 대하며 고민할 때는 이렇게 다르다. 남의 아기가 하는 행동에 대해서는 필요한 과정과 절차 하나하나를 생각해내지만, 정작 내 아기 앞에서는 뇌가 백지장처럼 하얘져버린다. 남의 아기에 대해서는 "흥분하지 마시고 제 말을 따르세요!"가 되지만, 내 아기 앞에서는 "어떡해! 어떡해!"를 연발하며 허둥대기 마련이다.

부모는 자기 아이 앞에서 뇌가 일시 정지되는 때가 한두 번이 아니다. 이유는 단순하다. '내 아이기 때문이다!' 본능적인 이런 감정은 아이를 보호하고 잘 성장하도록 만드는 배경이다. 이와 같은 부모의 집착과 애착이 헌신으로 이어졌을 것이다. 하지만 앞서 말했듯 내 아이를 놓고 벌어지는 강박 현상은 긍정적이지 않다. 다른 부모와 다른 아이에게 피해를 입히는 것은 나중 문제다. 당사자인 부모와 아이가 의외의 상처를 입고 비틀거린다는 데 심각성이 있다.

우리는 부모로서 아이에게 최선을 다하고 있다. 경제적으로 윤택하게 해주지 못한다고 해서 최선을 다하지 않는 게 아니다. 부모이기에

해야 하는 것들이 있지만, 그렇다고 해서 슈퍼맨이 될 수는 없다. 나는 부모면서 남편이고 아내며, 아들이고 딸이다. 그리고 직장인이고 누군가의 친구다. 이런 다양한 사회적 입장 속에서 부모 노릇을 해야 한다는 뜻이다. 부모인 내게 아이가 최우선일 수는 있지만, 절대적인 기준이 되어 모든 것을 빨아들이는 블랙홀이어서는 안 된다.

'헬리콥터 부모Helicopter Parents'라는 말이 있다. 자녀의 학교 주변을 헬리콥터처럼 맴돌며 사사건건 학교 측에 통보·간섭하는 학부모를 말한다. 또 '사커 맘Soccer Mom'은 아이를 축구장에 데리고 가 축구 연습을 하는 모습을 지켜보는 엄마들로, 아이의 방과 후 체육 활동이나 다른 활동에 많은 시간을 투자하는 열성 엄마들을 가리킨다. 평범한 엄마들 입장에서는 돈과 시간적 여유가 있는 이런 엄마들이 부러울 수 있다.

어렸을 때부터 자녀의 인생에 개입한 헬리콥터 부모들은 자식이 성인이 되어도 계속 개입한다. 대학교와 학과 선택, 졸업 후 직장 선택과 배우자 선택 그리고 이후의 삶까지 모두 간섭하려 든다. 3부에서 보겠지만 부모의 개입은 '부모의 과보호Overparenting'로 이어지고, 아이의 '회복탄력성Resilience'을 떨어뜨린다. 이런 간섭과 보호 아래서 아이들은 이기적이고 나약하며, 자기통제력이 약하고 의존적인 성인으로 자라나기 쉽다.

부모의 머릿속 대부분은 아이에 대한 생각으로 차 있다. 그러나 아이가 내게 소중한 존재인 것은 맞지만, 모든 것에 우선하는 절대적 기준일 수는 없다. 아이가 자라서 더이상 부모의 도움이 필요 없어지는 때가 되면 아이를 후순위로 밀어놓아야 하는가? 물론 아닐 것이다. 부모의 도움이 필요한 아이에게 더 많은 시간을 할애하고 더욱 세심하게 배려해주어야 하는 것은 맞다. 하지만 균형이 필요하다.

흑인 여성으로 미국 일류 대학인 스미스 칼리지와 브라운 대학교의 총장이 된 루스 시먼스Ruth Simmons에게 한 기자가 성공 비결이 무엇이냐고 물은 적이 있다. 그녀는 "나는 '어려운 것Difficult'과 '불가능한 것Impossible'을 구별하고자 노력했습니다. 어려워도 가능해 보이는 일은 최선을 다해 열심히 노력했습니다. 그러나 아무리 노력해도 승산이 없다고 생각되는 일은 도전하지 않았습니다. 그리고 그 판단에 따라 계획했습니다"라고 답했다.

부모 노릇은 어려운 일이지만, 불가능한 일은 아니다. 그런데 많은 부모가 불가능한 일에 도전하려 한다. 부모 노릇은 어렵지만 실현 가능한 일에 최선을 다하는 것이지, 노력해도 승산이 없는 일에 도전하는 것이 아니다. 현실을 고려해야 한다. 무리하게 현실을 뛰어넘으려 하는 것이 부모가 아이에게 해주어야 할 의무는 아니다. 현실에 발을 단단히 붙이고 실현 가능한 미래를 향해 아이와 함께 나아가야 한다.

무리하게 아이의 등을 떠밀어 나아가서는 안 된다. 머리를 숙이고 아이 등만 보면서 밀고 나가면 길을 볼 수 없다. 길이라 생각하고 밀어붙인 그곳이 낭떠러지일지 모른다. 맹목적으로 나아가기만 하려 들면 안 된다. 현실적인 눈으로 어떤 길인지 살피고 나와 아이에게 맞는 길인지도 판단해야 한다. 그리고 무엇보다 부모인 자기 스스로를 점검하고 확인해보자. 얼마나 힘이 있으며 가진 역량이 어떤지 살펴보고 나서 아이와 손잡고 걸어가자. 그래야 힘내어 끝까지 나아갈 수 있다.

아이에게 미안한 마음을 거두자

마가 스님이 자신이 겪은 일이라며 소개한 이야기다.

"스님! 퀴즈 하나 낼 테니 맞혀보세요." 초등학교 4학년인 한 꼬마가 수수께 끼라며 갑자기 문제를 냈다. "5 빼기 3은 뭘까요?"
한참을 궁리했다. 난센스 문제 같기도 하고 아니면 무슨 의미가 내포되어 있겠다는 생각도 들었다. 별의별 생각을 다한 뒤에 "글쎄"라고 답했다.
그랬더니 꼬마 녀석이 "스님은 바보예요. 이렇게 쉬운 것도 못 맞혀요" 하며 깔깔 웃었다. "굉장히 쉬워요. 5 빼기 3은 2예요."
꼬마는 또 물었다. "그 뜻은 무엇일까요?"
"글쎄."
"오해를 타인의 입장에서 세 번만 더 생각하면 이해가 된다는 뜻이랍니다."
꼬마는 신이 나서 퀴즈를 하나 더 냈다. "2 더하기 2는요?"
나는 가볍게 알아맞혔다. "4지 뭐니."
"맞았어요. 그럼 그 뜻은요?" 하고 되묻는다.
또 한참을 궁리하다 모른다고 했더니, 그 꼬마는 "이해하고 또 이해하는 게 사랑이래요!"라고 말한 뒤 깔깔대며 뛰어간다.

숫자를 가지고 풀어나간 이 일화는 좀 억지스러운 면이 없지 않다. 하지만 중요한 단어가 여럿 나온다. 오해, 역지사지(易地思之, 타인의 입장에서 생각하기), 이해, 사랑. 이 단어들을 다시 조합해보면 사랑의 출발점은 타인에 대한 이해에서 시작하고, 이해는 타인의 입장에서 생각해보는 데서 시작한다는 것을 말해준다. 또 사랑하는 사이라 하더라도 상대방의 입장에서 생각하지 않으면 오해가 생기고, 사랑도 좋은 결과로 이어지지 못할 수도 있음을 알려준다.

탄생으로 맺어진 '사랑'이 부모와 아이의 관계다. 생물학적으로 연결되었다는 이유로 부모와 아이는 특별해진다. 사랑이라는 단어를 쓰는 여러 상황 가운데 유일하면서도 가장 강하게 이어진 사이가 부모와 아이다. 세상 그 어떤 관계도 부모와 자식처럼 연결되어 있지 않다. 그런 각별함에도 불구하고 부모와 아이의 사랑에는 문제가 생긴다. 부모가 아이를, 아이가 부모를 받아들이지 못하는 일들이 빈번하게 발생한다.

부모와 아이 사이에 문제가 생기는 원인은 무엇일까? 부모의 잘못일까, 아이의 잘못일까? 답은 명확하다. 대부분 부모의 잘못이다. 굳이 설명하지 않아도 조금만 생각해보면 수긍할 수 있다. 부모와 아이의 사이가 틀어지는 가장 큰 원인은 대부분 '욕심' 때문이다. 아이를 좀더 '잘 키워보고 싶은 욕심'이 도리어 문제를 일으킨다. 상황에 대한 이해가 부족한 아이는 부모를 '오해'하고 부모의 바람과 달리 다른 짓, 헛짓을 한다. 온갖 말썽을 부리고 속을 썩이며 원수 같은 모습으로 변한다.

타인의 입장에서 세 번만 더 생각해야 하는 것은 부모지만, 그게 말처럼 쉽지 않다. 세 번만 더 생각하다가는 가슴에서 천불이 난다. 그래서 부모는 아이에게 소리를 지르고 더 나아가 매를 든다. 강압으로 아이를 제압하는 것이 머리 아프고 속이 터져가며 헤아려주는 것보다 쉽기 때문이다. 그런데 아장아장 걷던 꼬마일 때는 힘도 약하고 논리도 약하니 윽박지르기 쉽지만, 몸이 자라고 머리가 커버리면 이마저도 쉽지 않다. 헛된 소리 지르기 속에 아이와 부모 간에 마음의 거리가 점점 더 멀어져만 간다. 그러면서도 부모의 마음 한구석에는 아이에 대한 미안함이 짙게 밴다.

'아이에게 내가 좀더 잘해주었다면 저러지 않았을 텐데…' '다른 애들처럼 이런 거 저런 거 다 해줄 수 있다면…' 아이에 대한 욕심만큼이나 물질적으로 부족한 부분을 채우지 못하는 욕심이 또 한 자리를 차지한다. 욕심에서 또다른 감정이 튀어나온 것이다. 바로 아이에 대한 '미안함'이다. 그 미안한 마음에는 구체적으로 설명을 할 수 있는 것도 있고, 설명하지 못하는 막연한 미안함도 있다. 아이를 보고 있으면 가슴 저리는 애잔함을 느낀다.

아이를 향한 욕심과 미안함은 서로 상승작용을 일으킨다. 미안하기 때문에 욕심을 내게 된다. 더 잘해주고 많이 해주고자 욕심을 부린다. 부모는 자신의 한계를 뛰어넘어 무리를 하고, 그게 안 되면 또 미안한 감정에 휩싸인다. 스스로를 자책하고 이 화살은 아이에게 향해 아이를 닦달하는 데 이른다. 부모의 욕심이 이르는 곳에는 자책이 남고, 이는 아이를 향한 강요와 질책으로 이어진다. 사실 상승작용이라고 말했지만 실질적으로는 하강작용이다.

　하강작용이 끝나는 지점에는 이런 생각이 놓여 있다. '내가 이렇게 나 잘해주는데 아이는 내 마음을 몰라주는구나!' '자기 잘되라고 지극정성으로 키웠는데 저리 모진 말을 함부로 하네!' 그리고 아이가 하는 말이 부모의 마음을 더욱 서운하게 만든다. "내가 엄마한테 그렇게 해달라고 했어?" 부모의 욕심이 낳았고, 미안함이 쌓은 안타까운 현실이다. 물론 많은 부모와 아이들이 다 그런 것은 아니다. 그렇지만 욕심과 미안함은 상승과 하강을 반복하며 부모와 아이를 고민에 빠뜨린다.

　EBS 〈육아일기〉를 연출했던 강영숙 PD의 일화에서처럼 부모는 여러 이유로 아이에게 미안해한다. 경제적으로 윤택하지 않아 아이가 원하는 것을 다 해주지 못해 미안한가? 미안해하지 마라. 미안하고 죄스러워할 시간에 자기계발에 힘써 경제적으로 더 나아질 생각과 실천을 하는 것이 낫다. 꼭 그렇게 하라는 말이 아니라, 미안한 감정으로 현실을 무마하려 하지 말자는 뜻이다. 아이에게 무조건 봉사하고 뜻에 따라주는 것만이 능사가 아니다. 부모이니 아이를 존중하고 도움을 주려 노력하는 것은 맞지만, 노예처럼 맹목적으로 아이의 뜻을 따라서는 안 된다.

　아이의 이기적이고 부당한 욕심을 거절하는 것 또한 부모가 해야 할 일이다. 부모가 아이의 변덕과 부당한 요구, 일시적 충동에 휘둘리는 노예가 될 수는 없다. 부모의 입장에서는 더 잘해주고 싶고 못해주는 게 아쉽고 미안하다. 하지만 할 수 없는 것을 억지로 해줄 수는 없다. 아이도 안 되는 까닭을 알면 받아들인다. 아이에게는 이해할 수 있는 상황이 되면, 그런 부족함을 감내할 충분한 감정적이고 이성적인 여력이 있다. 그러니 아이에게 잘 설명하고 이해를 구하자. 완벽하거나 충분하지 않지만 열심히 살아가는 부모의 모습을 보여주자. 그러면 아이는 부모가 상상하는 그 이상으로 잘 자란다.

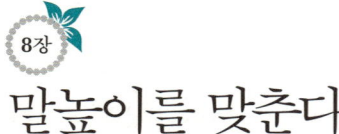

8장
말높이를 맞춘다

자녀들에게 신뢰를 받는 자가 자녀를 교육한다.
_ 시인이자 극작가 T. S. 엘리엇

눈높이보다 말높이 맞추기가 더 중요하다

아이와의 소통을 위해 흔히 '눈높이를 맞추'라고 말한다. 아이의 눈높이에서 보이는 세상이 어떤 모습인지 이해해주라는 말이다. 눈높이는 어른이 아이 수준으로 자신을 줄이는 일이다. 아이와 눈높이를 맞추려면 키를 맞춰야 하는데, 그러기 위해서는 쭈그리고 앉아야 한다. 그리고 눈을 마주하기 위해서는 다가서야 한다. 쭈그리고 앉는 일은 상당히 애를 써야 하고, 아이에게 다가서는 것은 때로는 무척 쑥스럽다.

그런데 눈높이보다 더 중요한 것이 바로 '말높이'다. 말높이를 맞추기 위해서는 어른도 아이도 쭈그려야 한다. 아니 어른은 쭈그리고 아이는 까치발을 하고 어른에 맞춰야 하는 일일 수도 있다. 눈높이가 소통과 이해를 위해 어른이 낮아지는 것이라면, 말높이는 소통은 물론 공감을 위해 어른도 아이도 낮아지는 일이다.

말높이는 생각과 마음의 높이인데, 생각과 마음은 말을 통해 전달된다. 부모와 아이가 가진 생각과 마음이 말을 통해 흐르면서 부모는 아이를 이해하고, 아이는 부모를 받아들인다. 따라서 말높이는 부모 일방의 희생을 강요하지 않는다. 아이만 이해의 대상인 것이 아니라, 부모도 아이가 이해해주어야 하는 대상이 된다. 서로의 생각이 다르다면 말을 해야 하고, 서로의 마음이 연결되지 않는다면 말로써 문제를 해결해야 한다. 말높이는 말을 통해, 즉 대화로써 서로를 향한 생각과 마음의 높이를 맞춰가는 일이다.

화가 나고 분노가 치미는 것을 부끄러워하지 말자

부모는 모든 것을 바쳐 아이를 행복하게 만들어주겠다 다짐했다. 그런데 지금 나는 아이에게 폭언을 퍼붓고 있다. 야단을 치고 창피를 주며 비난한다. 화와 분노의 폭풍이 지나가고 난 뒤에 죄책감에 사로잡힌다. '저 조그만 아이에게 내가 무슨 짓을 한 거지?' 그러고는 속으로 다짐하고 또 다짐한다. '앞으로 절대 그러지 말아야지.'

하지만 분노는 다시 찾아오고 아이에게 습관처럼 소리 지르고 짜증을 낸다. 화가 나고 분노할 때는 육아서에 나오는 그 어떤 위대한 말도 부모에게 위로를 주지 못한다. 우리를 멈추게 할 수 없다. 조금 전까지 예뻐서 어쩔 줄 몰랐던 아이가 어느새 악마처럼 보인다.

보통의 아이를 키우는 보통의 부모로서 감정을 다스리는 일은 결코 쉽지 않다. 그렇다면 현재 가지고 있는 생각과 마음에서 시작해야 한다. '보통'의 평범한 부모로서 행동해야 한다. 결혼해 부모가 되면 내게 천사나 보살이 빙의憑依를 할까? 부모라는 신분이 평화를 가져오는 만능키로 작용한다고 생각하는가? 물론 부모라는 자각이 마음을 다스리는 데 조금은 도움을 주겠지만, 그리 쉽지 않다.

분노를 누그러뜨리고 화를 잠재우려면 상당한 기술이 필요하다. 깊은 사려와 깨달음이 요구되는 어려운 과정이다. 부모라고 해서 특별히 얻을 수 있는 능력이 아니다. 감정을 휘저어놓는 작은 악마가 나타나 매일 부부를 시험하고 있다는 것이 오히려 맞을지도 모른다. 부부의 상황이 아이가 생기기 전보다 더욱 악화되었다는 뜻이다.

화는 자연스러운 감정이다. 그러므로 아이의 행동을 무조건 참고 분노하지 말아야 한다는 것은 어찌 보면 부당한 요구다. 부모라고 성인군자처럼 굴 수는 없다. 부모도 감정에 휘둘린다. 바로 이 지점에서 시작해야 한다. 결혼 전 참을성 많던 내가 아이가 태어나면서부터 소리 지르고 핏대를 세우는 성마른 사람으로 변했음을 인정해야 한다. 저기 어슬렁거리는 작은 악마를 넓은 아량과 품으로 무조건 감싸줄 수는 없다. 아이라도 응당 자신이 저지른 잘못을 알고 대가를 치러야 한다.

우리는 화가 나면 화를 내야 한다. 아이에게 잘못을 지적하고 이를 시인하도록 가르쳐야 한다. 물론 아이가 하는 정상적인 행동이 불러온 실수까지 잘못이라 지적해서는 안 된다. 그리고 한편으로 화나 분노가 나와 아이에게 어떤 영향을 미치는지 머리와 가슴에 담아두자. 부모가 화가 치밀어 분노에 어쩔 줄 몰라 할 때, 이런 감정과 상황은 아이에게 고스란히 영향을 미친다. 일단 그 사실을 인식하고 우리의 자연스러운 감정을 인정해야 한다.

정당한 이유로 화를 내고 상황 조절하기

그다음으로 넘어가 생각해보자. 부모인 내가 작은 악마인 너의 실수를 너른 아량으로 눈감아줄 수도 있다. 말하자면 아이의 정상적인 행동이 불러온 실수 가운데 절반 정도는 참아줄 수 있다. 아이의 행동 가운데 무엇이 잘못이고 무엇이 실수인지 모르겠는가? 우리는 일이 벌어진 맥락과 상황을 통해 잘못인지 실수인지 안다. 그리고 아이의 의도된 행동인지, 우연한 행동인지도 알 수 있다. 물을 엎지른 상황이 잘못인지 실수인지, 엉망으로 어질러진 거실이 잘못인지 실수인지 부모인 나는 알 수 있다. 땀을 흘리는 나를 위해 물을 가져오다가 엎지른 아이의 행동은 실수가 분명하다.

따라서 화를 내는 맥락과 상황을 조절하는 것이 중요하다. 부모가 그 맥락과 상황을 알고 이해하고 있으면 쓸데없는 화를 줄일 수 있다. 아무 상황에서나 무조건 화를 내고 불끈불끈해서는 안 된다. 아이가 내게 보이는 행동에는 일정한 패턴이 있다. 아이와 살아가는 공간도 일정하다. 방, 거실, 부엌, 놀이 공간이 정해져 있다. 그러므로 거기서 벌어지는 일은 동일하면서 반복되는 특징을 가진다. 심각한 사건도 동일하게 반복되므로 어떤 일이 벌어질지 예상 가능하고, 벌어진 일의 피해와 여파가 어느 정도일지도 짐작할 수 있다.

예상할 수 있는 일은 예방하면 된다. 예를 들어 아이가 놀고 있는 공간에 위험한 물건이 있다고 치자. 아이는 호기심에서 위험한 물건을 만지며 놀이의 대상으로 삼으려 한다. 이때 부모는 어떻게 해야 할까? 대부분의 부모는 아이에게 "그거 가지고 장난치지 마"라며 소리치거나 잔소리를 한다. 하지만 아이는 그것이 위험한 것인지 아닌지 모른다. 또는 알지만 호기심을 이기지 못하는 경우도 많다. 해답은 간단하다. 위험한 물건을 아이가 가지고 놀지 못하게 치우면 된다. 아이에게 "왜 그러니?" "왜 엄마 말을 듣지 않니?"라면서 화를 낼 필요가 없다. 안전한 다른 장남감을 쥐어주고 아이와 함께 웃으면 된다. 화낼 이유가 없다.

다시 말하지만, 화가 나는 것은 자연스러운 일이다. 화가 나는 상황에서 참을 수도 있지만, 화를 내는 것이 더 나을 수도 있다. 화를 참는 것이 미덕이기도 하지만 한도를 넘어설 때는 그에 맞게 감정을 표출하는 것도 미덕이다. 부모가 화를 내는 것이 정당한 경우에는 아이에게 화를 내야 한다. 그래야 아이도 상황을 판단해 자신의 잘못을 뉘우치고 실수를 되짚어볼 수 있다. 항상 긍정적 신호만 주는 것이 교육의 최선은 아니다. 부정적 신호도 아이에게 생각할 거리를 주고 행동을 다잡는 효과적인 기회를 제공한다. 다만 쓸데없는 화를 낼 수 있는 상황을 줄이도록 부모는 '행동'해야 한다.

화를 내지 말아야 한다는 강박에서 벗어나자. 아이도 어떤 행동이 혼날 행동인지 알아야 한다. 하지만 어떤 행동은 왜 혼날 행동이어야 하는지 아이가 납득하지 못하는 경우도 있다. 어른인 우리도 납득하지 못하는 벌칙에 대해 반발하는 것처럼 말이다.

아이에게 미안한 마음이 들었다면 즉시 표현해야 한다. 아이에게 화를 내고 소리 지른 것이 찜찜하고 미안하다면 즉시 아이에게 사과하자. 아이는 어른과 달라서 미안하다는 말에 즉각 반응한다. 어른처럼 마음에 오랫동안 묵혀두지 않는다. 하지만 아이도 사람인지라 부모와 해소하지 못한 상황은 마음에 쌓아둔다. 그런 찌꺼기가 쌓이고 쌓이면 부모도 아이도 처리하기 힘든 쓰레기 산이 만들어질 수 있다.

관심이 있는 사람이 화를 낸다. 아이의 잘못에 화를 내고 분노하지 않는다면, 이 역할을 누가 대신해주겠는가? 사랑과 화는 백지장 하나 차이인 경우가 많다. 다만 화를 내더라도 '나와 아이를 위한 화'여야 한다. 무관심과 냉소보다 관심과 사랑을 가진 화가 훨씬 낫다. 조금 더 현명하게 지혜롭게 화를 내자는 말이다. 화를 내는 자신만을 자책하지 마라. 화를 돋우는 아이도 문제다. 그런 아이에게 적절한 제재를 가하는 것은 죄가 아니다. 다만 아이가 저지르는 행동의 까닭을 생각하고 맥락을 살피자. 화를 부르는 상황을 조절하고 화를 부추기는 원인을 제거하자. 그러면 화낼 일이 줄어든다.

한 가지 덧붙이자면, 우리는 어른이다. 그래서 아이보다 힘이 세다. 힘이 센 우리가 아이의 생각이나 마음과 비슷한 수준이라면, 아이는 그 힘에 휘둘릴 가능성이 높다. 화와 분노를 동반한 힘의 행사는 아이에게 부정적 영향을 끼친다. 그리고 폭력이 누적되면 아이에게 심각한 문제를 일으킨다. 그 아이는 자라면서 그리고 성인이 되어서 똑같이 잘못된 방식으로 힘을 행사할 것이다. 우리는 어른이다. 어른이면 아이보다 분명 더 나은 점이 있어야 한다. 어른이니까 아이를 키우고 부모니까 아이를 돌보는 것이다. 화를 내고 분노하는 것은 자연스러운 일이지만, 그 화와 분노가 어른스러워야 한다. 사랑하는 내 아이와 나 자신을 위해서 말이다.

아이의 감정과 행동을 구분해서 판단한다

다섯 살짜리 딸이 물을 떠다주겠다면서 주방으로 달려간다. 아이에게 굳이 그럴 필요 없다며 말리는데도, 컵에 물을 따르다가 그만 물병을 떨어뜨려버렸다. 주방 바닥은 물 천지가 되었고 겁에 질린 아이는 울어버리고 만다. 이내 달려간 나는 아이 엉덩이를 몇 차례 두들기고는 씩씩거리며 바닥을 닦는다. "내가 뭐라 그랬어! 시키지도 않은 일을 한다면서 물 천지를 만들어놓고. 앞으로 또 이럴 거야?" 아이는 더 크게 울고 화가 난 나는 더 격렬하게 아이를 다그친다. "뭘 잘했다고 울어? 제대로 한번 맞아볼 테야?" 저녁에 남편이 케이크를 사들고 왔다. "웬 케이크야?" "오늘 당신 생일인데, 몰랐어? 아침에 급하게 나가느라 생일 못 챙겼네. 미안해!" 케이크에 불을 켜고 생일 축하 노래를 부른다. 그렇게 혼나고도 딸은 신나게 노래를 부르고 촛불은 자기가 끄겠다며 나선다. "오늘 엄마 생일이어서 심부름하려고 했는데, 물 쏟아서 미안해요. 다시는 안 그럴게요." 이제야 아이 행동이 이해된다. 무슨 일이 있었냐는 듯 행복한 얼굴로 케이크 먹기에 열중인 딸 얼굴이 너무 사랑스러워 보인다.

많은 부모가 겪는 상황이다. 아이는 제 딴에 좋은 일이라 시작했지만 결과는 전혀 다르게 전개되어버린다. 물을 엎지르고, 화분을 깨고, 넘어져 무릎이 깨진다. 아이의 속마음을 모르는 상황에서 아이가 보이는 이상한 행동에 부모는 소리를 지르고 화를 낸다. 아이는 한번 생각하면 그 일에 몰두하는 까닭에 말려도 소용없다. 일이 무사히 진행되면 다행이지만 대부분의 경우 아이는 실수를 한다. 부모가 말린 일이기에 아이에게는 소명하거나 변명할 기회도 없다. "그렇게 하지 말라고 했는데 굳이 하더니 이게 뭐니?" "넌 도대체 뭐 하나 제대로 하는 게 없니?"

자려고 누웠는데 아이가 살며시 껴안으며 말한다. "엄마가 오늘 허리가 아프다고 해서 화분 옮기는 거 도우려고 그랬어요. 앞으로 엄마 말 잘 들을게요." 아이들은 지금 여기를 살아가는 존재다. 덜 발달된 전전두엽 피질의 지배 아래 점점 늘어가는 도파민의 분비에 좌우되며 나아간다. 호기심도 많고 그에 비례해 장난과 말썽에 몰입한다. 부모는 아이들의 극성에 익숙해져 있고, 아이의 그런 행동들을 모두 쓸데없거나 귀찮게 만드는 일이라 여긴다. 하지만 앞에서 든 예에서 보듯 아이가 보이는 행동만으로 판단하는 것은 위험할 수 있다.

아이는 지속적으로 부모의 관심을 바란다. 그러다가 사고를 칠 수도 있다. 몸의 움직임이 마음대로 되지 않기도 하고, 물건을 다루는 것이 서투르기 때문이다. 그런 경우 부모가 보이는 반응은 짜증을 내고 소리를 지르는 것이다. 대개 아이가 관심을 요구하는 첫 단계에서 부모들이 오류를 범한다. 으레 그렇듯 아이가 보채는 것이 귀찮아서 무시해버리거나 "가만히 안 있을 거야?"라고 윽박지르고 아이를 제지하려 한다. 하지만 아이는 그런 상황에서 가만히 있을 리 없다. 어떤 식으로든 부모의 주의를 끌려고 하고 더 큰 사고를 일으키는 쪽으로 치닫는다.

어쩌면 관심을 가져달라는 아이의 요청에 심각하게 대응할 필요가 없을지도 모른다. 3장에서 상세하게 살펴보았지만, 아이들은 그저 들어달라는 것이고 인정해달라는 요청이며 하소연하겠다는 뜻이다. 무리하게 뭘 사달라거나 요구하겠다는 것만은 아니다. 그럼에도 대부분의 부모는 지레 겁을 먹는다. '얘가 또 무슨 일을 벌이려고 이러는 거야?' 하는 걱정이 앞선다. 앞에서도 말했듯이 예방이 필요하다. 아이의 관심 표현은 몇 마디 대꾸로 해결할 수 있다. "그랬구나!" "멋진걸!" 그러나 대부분의 경우 우리는 "하지 마!" "왜 또 그래?" "엄마 말 들어!"라는 말로 대응한다.

아이의 감정 이해하기

아이의 행동에는 분명한 이유가 있으며 행동까지 이어지는 감정이 존재한다. 어른과 절대 다르지 않다. 다만 어른은 참거나 미루거나 억누를 수 있다. 전전두엽 피질이 제어 역할을 해주기 때문이다. 하지만 아이들은 그렇게 되지 않는다. 분출되는 도파민이 더 큰 쾌락을 향해 달려가도록 만들고 아이들은 감정이 이끄는 대로 빠른 속도로 움직인다. 아이들이 보이는 이런 특징을 알면, 그 수준에 맞게 부모가 조정하고 통제할 수 있다. 무조건 "안 돼!"라는 말로 막아서기만 해서는 안 된다. 행동의 근원이 되는 감정을 헤아리는 것이 아이의 충동 행동, 돌출 행동을 줄이는 길이다.

어른인 우리는 상황이 깔끔하게 정리되기를 원한다. 자초지종과 이유가 분명하고, 원인에서 결과로 이어지는 과정이 깔끔해야 한다. 이는 합리적 판단이고, 이성적 이해다. 하지만 우리가 맞닥뜨리는 일 가운데 그렇게 깔끔하게 정리되고 이해되는 것은 드물다. 이성적으로 접근하려 하지만 솔직히 어른인 우리도 자신의 감정과 기분을 받아주고 다독여주는 사람을 더 좋아한다. 이성적 이해보다 감정적 이해를 선호하는 것이다. 하물며 감정적 접근에 능한 아이들은 두말할 필요도 없다.

어른이건 아이건 궁극적으로 이성적 이해를 바라는 것이 아니다. 이성적으로 시시비비를 가려주기를 원하는 것이 아니라는 말이다. 비록 상대가 옳고 내가 그르더라도 내 입장에 서주기를 바란다. 비록 내가 잘못했지만 그럴 수밖에 없었던 이유에 대해 호응해주기를 바란다. 따라서 아이의 행동은 잘못 표출되었지만, 아이의 생각과 감정이 선의善意였다면 이를 받아들여야 한다. 생각과 감정이 행동으로 원활하게 이어지지 않았을 뿐, 아이는 자신의 처지와 환경 속에서 나름 최선을 다했다는 점을 인정해주어야 한다. 아이는 그런 점을 이해받고 인정받고자 부모인 내게 다가온 것이다.

'감정적 이해'에 관해 덧붙일 말이 있다. 감정적 이해는 '내 감정에 근거해서 이해'하라는 의미가 아니다. 엄밀히 말해 '상대방의 감정에 대한 이해'다. 상대방인 아이의 감정을 이해하고 받아들이는 것이다. 또한 감정에 대한 이해가 무조건 상대에게 감정이입해서 같은 감정을 느끼라는 말도 아니다. 사실 그것은 할 수 없는 일이다. 직접적으로 아이가 겪었던 상황을 보고 느껴보지 않은 입장에서 같은 감정을 가질 수는 없다. 그냥 그 감정 그대로를 인정하고 들어주라는 것이다. 이 역시 쉬운 일은 아니지만, 행동의 결과와는 별개로 감정을 헤아려 주라는 말이다.

아이와의 관계는 감정에 대한 이해임을 명심하자. 감정에 대한 이해란 어른이나 아이나 동일하다. 어른도 시시비비를 가리고 판단을 요구하지만, 밑바탕에는 감정에 대한 이해가 먼저다. 누가 옳고 그른가의 문제도 중요하지만, 지금 내가 느끼는 감정을 위로받고 인정받고 존중받고 싶은 마음이 먼저다. 어른들이 원하는 소통과 공감도 사실에 대한 소통과 공감이기보다는 감정에 대한 소통과 공감이다. 누구의 잘잘못인가를 떠나 자신에 대한 지지와 응원이 필요한 것이다. 사실과 진실은 나중의 일인 경우가 대부분이다.

아이가 가진 감정과 아이의 행동을 구분할 줄 알아야 한다. 아이의 감정이 행동으로 이어진 것은 맞지만, 특정 행동이 반드시 특정 감정을 의미하지는 않는다. 아이들이 대견한 생각과 속 깊은 감정으로 시작했지만, 결과는 그렇지 않은 경우가 꽤 있다. 아이는 어른처럼 능숙하게 자기 생각이나 감정을 표현하지 못하면서도 그 감정에 따라 행동한다. 감정과 행동이 일치하면 좋으련만 그렇게 되지 않으면 돌아오는 것은 어른의 핀잔일 뿐이다. 부모는 이런 오류에서 벗어나기 위해 아이의 감정과 행동을 구분해서 판단해야 한다.

아이가 숨어서 뭔가를 꾸미도록 두어서는 안 된다. 인정받지 못하는 행동은 뒤에서 하게 된다. 아이는 자신의 감정을 해소하기 위해 꾀를 내고 교묘해진다. 아이가 더욱 교묘하게 잘못을 저지르고 잘못을 은폐하도록 두어서는 안 된다. 무조건적인 강압과 처벌이 좋지 않은 이유도 여기에 있다. 자신의 속내가 이해받지 못할 경우 아이는 은폐, 기만, 속임수를 찾게 된다. 강압과 처벌이 아이로 하여금 '더 올바른 행동을 해야겠다'는 다짐을 유도한다면 얼마나 좋겠는가? 그러나 아이는 '다음에는 들키지 않게 더 조심해야지'라고 생각할 가능성이 높다.

그러니 아이의 감정을 너그럽게 대해주자. 다만 아이의 행동에는 엄격함이 필요할 수 있다. 감정은 표출할 수 있도록 돕고, 행동은 제어해주어야 한다. 말하자면 행동의 한계를 정해주어야 한다. 아이기 때문에 더욱 그렇다. 부모는 아이가 가진 감정에 대한 이해를 그다음 단계로 발전시켜야 한다. 부모의 역할이 중요해지는 지점이다. 부모는 아이 행동에 가하는 이유 있는 제한과 제어를 두려워해서는 안 된다. 아이를 돕는 일이기 때문이다. 다만 아이의 감정을 보호하는 언어를 사용하면서 아이가 분별 있는 행동을 하도록 유도해야 한다.

어떤 행동은 칭찬받지만, 어떤 행동은 그에 따른 벌이 따른다는 사실을 아이가 알 수 있도록 도와주자. 부모는 아이의 감정에 대해서는 감정적 이해를, 아이의 행동에 대해서는 이성적 이해를 해야 한다. 이런 과정을 통해 아이가 감정과 행동 모두를 성장시켜야 좋은 어른으로 성장할 수 있다.

다섯 살 딸아이의 순수한 마음이 아무런 대가 없이 사람들에게 순수하게 받아들여지리라 기대해서는 안 된다. 아이의 조심스러운 행동만이 사람들의 공감을 얻을 수 있다. 우리는 부모니까 내 아이의 감정을 순수하게 받아들이고 어루만져줄 수 있다. 하지만 다른 사람은 아이의 감정대로 받아주지 않고 행동대로 받아들인다. 따라서 아이는 자신의 감정을 다스리고 그와 연결된 행동을 제어하는 법을 배워야 한다. 그래야 인정받고 사랑받을 수 있다. 부모인 우리가 그 사실을 아이에게 잘 가르쳐주자.

직접적이고 구체적이며 단호하게 가르친다

아이를 재우려고 "자, 치카치카하고 쉬하고 와" 하고 말한다. 그런데 아이는 "과자 먹고 싶어요"라거나 "곰돌이 가지고 놀면 안 돼요?" 하고 답한다. 짜증이 나지만 참고 다시 말한다. "내일 어린이집 가려면 일찍 자야지. 오늘 아침에도 졸려서 일어나기 싫다고 그랬잖아!" 아이가 대꾸한다. "배가 아파요." "엄마, 머리가 아파요." 아이는 잘 시간이 되어서도 자지 않고 버티며 이런저런 요구를 해댄다.

이런 경우 부모는 아이를 윽박지르거나 아이의 제안에 굴복한다. 아이를 윽박지르는 것이 꼭 나쁜 것만은 아니고, 아이의 제안을 수용하는 것도 나쁘지 않다. 나쁜 것은 윽박지른 것이 미안해 다음 날 저녁에 과자를 쥐어주는 것이다. 같은 상황에서 어떤 때는 윽박지르고, 어떤 때는 아이와 타협하는 행동은 아이를 혼돈스럽게 만든다. 칫솔질을 엄하게 꾸준히 시키면 아이는 어느 순간 적응한다. 일정 기간이 지나면 윽박지르지 않아도 아이 스스로 알아서 하는 순간이 온다. 인형을 가지고 20분쯤 놀다가 칫솔질하기로 정해놓으면 아이는 그 약속을 꾸준히 지켜나간다.

부모의 말에 처음부터 순순히 응하면 좋겠지만, 아이가 수시로 변덕을 부리는 것이 오히려 정상이다. 전전두엽 피질이 덜 성숙된 아이에게 변덕이란 자연스러운 일이다. 그러나 변덕에 대응하는 것이 귀찮아 부모가 아이의 요구에 응하기와 윽박지르기 사이를 수시로 오가서는 안 된다. 부모의 변덕은 아이의 변덕을 더욱 자극할 따름이다. 부모가 변덕을 부리는 상황에서 아이는 부모의 기분을 재빨리 파악하려 든다. 부모의 기분에 따라 행동을 선택하고, 자신이 유리한 상황이 되면 부모를 향해 과한 요구를 해올 것이다.

이런 상황이 반복되고 아이가 나이를 먹으면 아이의 과한 요구는 당연한 권리가 되어버린다. 그때에 이르면 부모는 더이상 아이를 이겨낼 수 없다. 부모가 거부하면 아이는 더 심하게 반발하고 떼를 쓴다. 아이의 부모에 대한 존중은 완전히 사라지고 부모는 아이가 파놓은 '제멋대로'의 블랙홀로 빨려 들어가 버리는 것이다. 부모를 좌절시킴으로써 아이는 나름의 성취를 얻으려 할 수도 있다. 문제를 일으키는 아이들의 상당수는 부모의 좌절을 지켜보려는 마음을 가진다. 그리고 부모에게서 채우지 못한 욕망은 자연스레 밖을 향하고, 문제 행동을 일으키는 원인이 될 수 있다.

《부모의 자존감》을 쓴 댄 뉴하스는 이렇게 말한다. "적절한 통제와 한계 설정은 훌륭한 양육의 필수 요소이다. 아이들은 토라짐, 빈정거림, 거짓말, 여타 기술을 총동원해 부모의 통제를 시험한다. 아이들의 이러한 기술은 의식적일 때도 있지만 본능적일 때가 대부분이다. 아이를 적절하게 규제하지 않는 가정은 아이를 가혹하게 규제하는 가정만큼이나 문제가 많다"(《부모의 자존감》, 댄 뉴하스/안진희, 양철북, 2013, 19쪽). "부모의 과잉 통제가 아이의 불행을 가져온다"고 줄곧 주장하는 댄 뉴하스조차도 일정 정도의 통제가 아이를 건강하게 만든다는 사실을 인정한다.

문제는 부모의 태도다. 한계와 기준을 정하지 않고 부모의 뜻과 아이의 뜻 사이를 오가서는 안 된다. 한계와 기준을 지키지 않는 아이는 어른이 되어 심각한 문제에 빠질 가능성이 높다. 다섯 살짜리 아이가 집안의 주인 노릇을 하는 경우를 상상해보자. 아이 마음대로, 아이 위주로 가정이 끌려다닌다면 어떻게 되겠는가? 아무렇게나 벗어놓은 옷, 여기저기 널린 과자봉지, 개어놓지 않고 뭉개져 있는 이불. 아이는 자기 집에서는 그렇게 마음대로 행동할 수 있지만 집을 벗어나면 그럴 수 없다. 집 밖에서도 보채고 우는 아이를 받아줄 사람은 아무도 없다.

부모와 아이가 함께 만드는 기준과 규칙

올바른 부모는 "된다!" "안 된다!"를 분명하게 말하고 정해주는 부모다. 부모가 바라는 모습의 아이는 힘든 시간을 통해서 만들어진다. 아이가 입을 삐쭉거리고 우리의 인내심을 시험할 것이 분명하지만, 올바른 행동을 가르치기 위해서는 분명한 기준이 필요하다. 이런 생각이 들지도 모른다. '아이가 기분 나빠하면 어쩌지?' '저러다 성격이 나빠지는 것은 아닐까?' '내가 혹시 나쁜 부모가 되는 것은 아닐까?' 이런 생각은 과감히 버리자. 부모가 우유부단하게 굴고 갈팡질팡하면, 아이는 부모를 농락하고 속일 수 있다.

부모에게 신체적으로 저항할 수 있는 나이에 이르지 않은 아이들은 감추거나 얼버무리거나 숨긴다. 그러나 신체적으로 성숙하고 나서는 회피하거나 짜증내거나 소리 지르며 대들기까지 한다. 어려서부터 아이가 솔직하고 당당하게 자신의 감정을 말할 수 있도록 도와주어야 하고, 그럴 수 있는 분위기와 관계를 형성하도록 노력하자. 아이의 솔직하고 당당한 태도는 부모로부터 나온다. 부모가 일관되게 말하고 행동한다면 아이도 그렇게 한다. 부모가 일관성을 잃으면 아이는 감정을 드러내기를 꺼리고 감정을 속이며, 부모만 속이는 것이 아니라 자신을 속이고 타인까지 속이려 들게 된다.

아이를 사랑하기 때문에 되는 것과 안 되는 것을 분명하게 정하고 말하는 것이다. 아이도 부모가 제시하는 기준과 규칙에 익숙해지면, 그것이 사랑이라는 사실을 분명히 깨닫는다. 아이의 올바르지 않은 행동을 고치고 싶다면 아이에게 가진 죄책감은 한쪽으로 밀어놓고,

기준과 규칙을 세우고 물러서지 말아야 한다. 부모와 아이가 함께 만든 기준과 규칙은 아이가 자라면서 지니고 가야 할 훌륭한 길잡이 역할을 할 것이다. 분별을 배운 아이는 분별 있는 행동을 할 줄 아는 어른으로 자라며, 그런 아이가 사람들의 존중과 사랑을 받는다.

때로는 부모인 내 기분을 맞춰야 할 때도 있다는 사실을 아이도 받아들여야 한다. 이 세상은 아이만을 위한 세상도 아니고, 부모와 또 다른 사람들과 함께 살아가는 세상임을 받아들이도록 가르치자. 다른 사람을 위해 자신의 감정과 생각을 양보할 줄 알아야 한다. 앞에서 부모로서 화나고 분노가 치미는 것을 부끄러워할 필요가 없다고 했다. 아이는 자기만 짜증을 낼 줄 아는 것이 아니며 다른 사람도 자기로 인해 화가 내고 짜증을 낼 수 있다는 사실을 배워야 한다. 그리고 때로는 그런 화와 짜증을 받아들이고, 자신이 원인을 제공했다면 그에 대해 사과하고 반성해야 한다는 것도 알려주자.

아이와 싸우지 않는 것이 능사는 아니다. 화를 내지 않는 것이 아이를 위해 꼭 옳은 선택이 아니듯 말이다. 아이와의 다툼을 피하지 말자. 오히려 싸워야 한다. 잊지 말아야 할 점은 화나고 분노가 치민 다음의 처방과 대처가 중요하다는 사실이다. 마음의 준비를 철저히 하자. 부모와 아이가 기준과 규칙을 놓고 싸우는 전쟁은 부모 일방의 승리를 위한 것이 아니다. 부모도 승리하고 아이도 승리하는 전쟁이어야 한다. 그러니 직접적이고 구체적이며 단호하게 부모의 생각과 감정을 전달하자. 왜냐하면 아이는 부모의 확고한 생각과 감정의 기반 위에서 안정적으로 성장할 수 있기 때문이다.

대접받고자 하는 대로 대접한다

> 부모는 어린아이들에게 최고의 롤모델입니다.
> 부모의 모든 말, 모든 움직임, 모든 행동에는 영향력이 있습니다.
> 그 어떤 외부의 힘과 다른 사람도
> 부모보다 아이에게 더 큰 영향을 미치지 못합니다.
> _ 텔레비전 어린이 프로그램 프로듀서이자 배우 밥 키샨

부모와 아이의 입장이 다르다

"기소불욕 물시어인(己所不欲 勿施於人, 자기가 하기 싫으면 다른 사람에게도 시키지 마라)"은 《논어》〈위령공衛靈公〉 편에 나오는 말이다. 또 《맹자》〈이루離婁〉 편에 나오는 "역지즉개연(易地則皆然, 입장을 바꾼다면 다 그렇게 했을 것이다)"은 다른 말로 역지사지, 즉 입장을 바꿔 생각해보라는 뜻이다. 그리고 "당신에게 가증스러운 일을 다른 사람에게 하지 마라. 그게 토라(모세오경)의 전부다"는 유대인들이 전하는 말이다.

《성경》〈마태복음〉 7장 12절에는 이런 말도 나온다. "너희는 남에게서 바라는 대로 남에게 해주어라. 이것이 율법과 예언서의 정신이다." 이슬람교 경전 《코란》에는 "나를 위하는 만큼 남을 위하지 않는 자는 신앙인이 아니다"라고 쓰여 있다. 힌두교 경전 《마하바라타》에도 "내게 고통스러운 것을 타인에게 강요하지 마라"라는 구절이 있다. 이 모두 '황금률'이라는 지혜를 표현하는 말이다.

3세기 로마제국의 24대 황제인 세베루스 알렉산데르Severus Alexander가 〈누가복음〉 6장 31절을 금으로 써서 거실 벽에 붙여놓은 데서 황금률이라는 말이 생겨났다. 〈누가복음〉의 그 말은 "너희는 남에게서 바라는 대로 남에게 해주어라"다. 놀랍게도 세계 4대 종교의 모든 경전에 황금률이 전해진다. 그만큼 '대접받고자 하는 대로 대접하라'는 말이 중요하면서도, 역설적으로 이 말을 따르기가 얼마나 어려운가를 여실히 보여주는 것이다.

부모와 아이가 겪는 갈등을 황금률에 대입해 살펴보자. 부모와 아이 사이에 벌어지는 여러 상황은 서로를 이해하지 못해서 생겨나는 경우가 대부분이다. 상대방의 입장에서 고려해보지 않는 것이다. 특히 부모는 부모 입장에서만 아이를 보려는 경향이 강하다. 아이를 위해 그렇게 한다고 하지만, 실제로 아이의 입장을 고려한 판단이 아니기 때문에 심각한 갈등으로 이어지기 십상이다. 이번 장에서는 부모의 입장과 아이의 입장이 조화를 이룰 수 있는 방법이 무엇인지 살펴보겠다.

어린 시절을 돌이켜보자

　　　　　　　부모님과 함께 이야기를 나누다 보면, 어릴 적 내 기억과 부모님의 기억이 다른 경우가 종종 있다. 내게는 무척 심각했던 상황을 부모님은 대수롭지 않게 생각하고 있다거나, 반대로 나는 장난이라고 생각하는 일을 부모님은 엄청난 사건으로 기억한다. 내가 받은 깊은 마음의 상처를 부모님은 모르고, 부모님이 기억하는 내 어린 시절은 끊임없는 사고와 멍청한 짓의 연속이다. 이렇게 서로의 기억이 다른 이유는 무엇일까?

　우선은 부모의 관심과 아이의 관심이 달라서다. 부모는 아이가 다치지 않고, 집안을 어지럽히지 않으며, 말을 잘 들었으면 하고 바란다. 아이는 즐겁고, 아빠가 사달라는 것을 잘 사주며, 엄마가 이것저것 간섭하지 않기를 바란다. 부모의 관심은 제지와 통제와 규율이고, 아이의 관심은 자유와 충족과 해방이다. 부모는 말을 잘 듣지 않는 아이에게 화가 나고, 아이는 마음대로 하지 못하게 하는 부모에게 화가 난다.

　이렇듯 서로를 바라보는 관점이 다르다 보니 기억도 거기에 맞게 윤색되고 조정된다. 또한 서로에게 화가 나는 상황이 다르다 보니 부모가 흥분했던 지점과 아이가 열을 냈던 지점도 다르다. 즉, 부모가 기억하는 지난 일과 아이가 기억하는 일은 자기감정을 중심으로 완전히 다르게 해석된다.

　부모에게는 부모 입장이 있고, 아이에게는 아이 입장이 있다. 부모는 아이를 어떻게 키울지 고민하고, 아이는 지금을 어떻게 재미있게 보낼까 고민한다. 부모는 아이가 말을 잘 들어주었으면 하고, 아이는 자기가 하고 싶은 대로 엄마가 놔두기를 바란다. 부모는 아이를 통제해야 하는 게 많고, 아이는 못하게 하는 것을 하고 싶은 충동이 강하다. 부모는 아이에 대해 걱정이 많고, 아이는 부모에 대해 불만이 많다.

그런데 부모와 아이라는 관점이 아닌, 어른과 아이라는 관점에서 생각할 것이 있다. 부모와 아이가 아닌 어른과 아이의 관계에서 보면 달리 보이는 점이 있다. 어른이어서 가능한 것이 있고, 아이기 때문에 안 되는 것이 있다. 어른에게는 쉬운 일이 아이에게는 너무 버겁다. 어른이어서 양해되는 부분이 아이라서 허용되지 않는다. 어른이어서 지켜야 할 것이 아이어서 감면받고 수용되는 면들이 있다.

어른은 아이보다 참을성이 많다. 다양한 경험으로 어떤 상황에서는 참아야 한다는 것을 알고 있다. 그리고 얼마나 참아야 원하는 것을 얻을 수 있는지도 안다. 어른은 10분 30분 1시간의 길이를 알지만, 아이는 모른다. 또 어른의 한 시간과 아이의 한 시간은 느낌이 완전히 다르다. 같은 시간이라도 어른에 비해 아이에게는 상대적으로 무척 긴 시간이다.

감정을 표현하는 방법 역시 어른과 아이가 다르다. 어른은 사회성 또는 사교성이라는, 상대방의 감정을 헤아리고 다독이는 방안을 여러 통로를 거쳐 익혀왔다. 누군가의 기쁨과 슬픔에 의도적인 반응을 보여야 한다는 것을 안다. 하지만 아이는 느끼는 대로 기뻐하고 부딪치는 대로 슬퍼한다. 감정을 꾸미지 않고, 꾸미지도 못한다. 어른은 자연스럽게 생겨나는 감정적 태도가 사회적으로 다 허용되지 않는다는 것을 경험으로 배워 안다. 아이 때의 천진난만함이 어른이 되면 예의 없음으로 보일 수 있다.

감정을 해소하는 방법도 다르다. 아이는 기쁘면 웃고 슬프면 운다. 감정 표현을 참아야 할 이유가 없고 방법도 모른다. 어른은 기쁘다고 무조건 기쁨을 표현할 수 없다. 나의 성취로 손해를 보는 사람이 있다면, 그 사람 앞에서는 짐짓 아닌 척해야 한다. 또한 슬프다고 계속 울 수 없다. 슬픔을 억누를 줄 알아야 어른스러운 태도며 인내심과 자기 절제가 돋보이는 사람이라 인정받을 수 있다. 참고 억누르며 대수롭지 않은 듯, 감정의 고개를 넘어가야 하는 것이다.

부모는 성장하면서 이런 감정적 훈련을 받았다. 아이 시절에는 가능했던 감정 표현과 감정 해소의 여러 방법을 지워가며 어른이 된다. 부모가 아이를 대할 때 생각해야 할 지점이 여기다. 어른에게는 대수롭지 않지만 아이에게는 심각하다. 어른은 무시하고 지나가지만 아이는 어쩔 줄 몰라 한다. 어른은 웃음 한번으로 넘어가는 것을 아이는 며칠 동안 눈물로 밤을 지새우기도 한다. 어른은 감정의 세탁이 비교적 쉽지만, 아이는 그리 쉽지 않다.

타임머신을 타고 어린 시절로 돌아가보자. 부모와 함께했던 일들이 기억나는가. 세세한 기억은 잊었어도 상징적인 사건들은 남아 있을 것이다. 가만히 들여다보면 무척 기뻤거나 아니면 마음에 그림자를 드리운 그런 일들이다. 부모님과 놀러갔던 일, 엄마에게 크게 혼났던 일, 엄마와 아빠가 뭔가를 심각하게 의논하던 일, 어느 해 명절 또는 내 생일날. 그 일들이 뭉뚱그려져 어린 시절을 지배하는 감정이 떠오른다.

엄마는 내게 어떻게 했던가? 아빠는 어떤 분이었나? 나는 부모에게 어떤 아이였지? 엄마는 그때 왜 그렇게 화를 냈을까? 아빠의 다정한 웃음은 내게 큰 힘을 주었지! 별것도 아니었는데 나는 왜 그렇게 엄마와 다투어야 했을까? 너무 창피했는데 아빠는 자꾸 아저씨들 앞에서 노래하라고 시켰다! 그때 엄마가 날 좀 받아주었더라면 얼마나 좋았을까? 그때 엄마에게 그렇게 모진 말을 하는 게 아니었는데! 이런저런 기억이 아쉬움과 뿌듯함이 교차하며 떠오른다.

어린 시절로 돌아간다면 내 인생을 바꿀 어떤 '변곡점, 터닝 포인트'를 찾을 수 있을까? 부모가 내게 무엇을 해주고 무엇을 안 했다면 내 인생이 바뀌는 그런 순간이 있을까? 있을 수도 또 없을 수도 있다. 있다고 해도 부모가 뭔가 엄청난 것을 해주는 일은 아닐 것이다. 평소 엄마와 아빠가 자주 했던 말과 태도 그리고 행동에 대한 아쉬움이다. 나를 좌절시키고 기죽게 했던 말과 태도가 아쉽고 안타까울 것이다.

다시 현재로 돌아와 아이와의 관계를 생각해보자. 나는 평소 아이에게 어떤 말을 사용하는가? 어떤 태도를 보이는가? 좌절감과 상실감을 주는 말을 자주 하지는 않는가? 나는 거친 말투와 태도를 보이면서 아이에게는 그런 말은 안 된다며 윽박지르지는 않는가? 같은 일에 대해 어떤 때는 흔쾌히 응하고, 짜증이 나거나 화가 났을 때는 안 된다고 잘라버리지는 않는가? 내 부모가 나를 서운하게 만들었던 그때처럼 말이다.

물론 그러니 무조건 아이의 감정을 받아주라는 말이 아니다. 아이도 어른으로 성장하려면 여러 가지를 배워야 한다. '인내'와 '자제'를 배우고, 세상이 자기를 중심으로 돌아가지 않는다는 사실을 깨달아야 한다. 그러므로 부모는 아이의 감정을 이해해주면서도 어른으로 성장하는 데 필요한 윤리적 태도를 가르쳐야 한다. "네 기분은 이해하지만 안 되는 건 안 되는 거야." "이 상황에서 네가 하고픈 대로 하면 다른 사람들이 불편해할 거야." 아이의 감정은 다독이되 넘어서는 안 될 선을 인식하도록 교육하자.

하지만 어른이어서 가능한 것을 아이에게 강요하고 다그쳐서는 안 된다. 어린 시절 우리가 부모 때문에 좌절하고 실망했던 그 패턴을 반복하지 말자. 아이의 성장을 위한 부모의 노력이 도리어 아이의 감정에 상처를 주지 않도록 노력해야 한다.

아이에게 시키는 것은 부모도 지키자

1980년대 중반 가수 이문세가 DJ를 맡았던 〈별이 빛나는 밤에〉는 중고등학생들에게 큰 인기를 끌던 라디오 방송이다. 이 프로그램 앞뒤로 중고생 청취자들을 대상으로 한 광고가 줄이어 나왔는데, 그 가운데 귀를 사로잡았던 광고가 있었다. "내가 정말 알아야 할 모든 것은 유치원에서 배웠다"는 간결하고 힘 있는 멘트의 광고 덕분에 책은 베스트셀러가 되었다.

로버트 풀검이 쓴 《내가 정말 알아야 할 모든 것은 유치원에서 배웠다》는 내용은 평범하지만 제목이 좋아서 성공한 책이 아닐까 싶다. 어쨌거나 이 책에서 유일하게 눈길을 사로잡은 한 대목 가운데 핵심 내용은 이렇다.

> 어떻게 살 것인지, 무엇을 할 것인지, 어떤 사람이 될 것인지에 대해 내가 정말 알아야 할 모든 것을 나는 유치원에서 배웠다. 지혜는 대학원의 상아탑 꼭대기에 있지 않았다. 유치원의 모래성 속에 있었다.
> _ 《내가 정말 알아야 할 모든 것은 유치원에서 배웠다》, 로버트 풀검/최정인, 랜덤하우스코리아, 2009, 18-19쪽

그리고 다음과 같이 이어진다.

무엇이든 나누어 가지라. 공정하게 행동하라. 남을 때리지 말라. 사용한 물건은 제자리에 놓으라. 자신이 어지럽힌 것은 자신이 치우라. 내 것이 아니면 가져가지 말라. 다른 사람을 아프게 했으면 미안하다고 말하라. 음식을 먹기 전에는 손을 씻으라. 변기를 사용한 뒤에는 물을 내리라. … 균형 잡힌 생활을 하라. 매일 공부도 하고, 생각도 하고, 그림도 그리고, 노래도 부르고, 춤도 추고, 놀기도 하고, 일도 하라. … 밖에 나가서는 차를 조심하고 옆사람과 손을 잡고 같이 움직이라. … 그리고 그림책 〈딕과 제인Dick & Jane〉, 태

어나서 처음 배운 단어, 모든 단어 중 가장 의미 있는 단어인 '보다LOOK'를
기억하라.

_ 앞의 책, 19-20쪽

사람들이 이 책에 주목한 이유는 인생을 살아가는 간단한 진리가 있을 거라는 기대에서였다. 알기도 쉽고 실천하기도 쉬운 그런 교훈을 기대한 것이다. 인용에서 보듯 정말 알기 쉬운 내용이 책을 채우고 있다. 엄마 아빠에게 숱하게 들었고, 도덕 교과서에서도 자주 보았던 말이기도 하다. 너무 뻔한 가르침이어서 '겨우 이 정도 이야기를 읽으려고 돈을 주고 책을 샀나?'라는 생각에 광고에 속은 느낌마저 들었다.

이런 느낌을 왜 받았을까? 배워서 이미 다 알고 있는 이야기여서다. 무엇보다 중요한 것은 알고 있지만, 실천하기 힘든 이야기였기 때문이다. 무엇이든 나누어 가지라가 쉬이 실천할 수 있는 것인가? 공정하게 행동하라 역시 마찬가지다. 우리는 여러 이유로 공정하기보다는 비겁이나 자기합리화를 택하기 쉽다. 물건을 항상 제자리에 놓으라고 아이에게 시키면서도 우리는 집에 돌아와 아무 데나 옷을 벗어놓기 십상이다. 다른 사람을 아프게 했을 때는 미안하다고 말하라는 것을 실천할 수만 있다면, 세상은 너무나 평화롭고 행복한 낙원이 될 것이다.

우리는 이런 가르침을 수시로 듣고 배우지만 잘 지키지 못한다. 아이들에게 지키라고 하지만, 어른인 우리도 따르기가 너무 힘들다. 현

실과 동떨어진 이야기이기 때문이다. 남과 나누면 내 몫이 줄어들고, 공정하게 행동하면 손해를 본다. 물건을 제자리에 놓고 깨끗하게 치우고 손을 씻는 게 맞지만, 귀찮다. 미안하다고 먼저 말하면 자존심이 상하는 것 같고 잘못을 시인하는 것이어서 꺼려진다. 뭔가 새로운 것에 감격하고 마음으로 칭찬하는 것은 영 마뜩잖다. 그러니 어른이 되면 좋은 게 좋은 거라는 심사心思로 살아간다.

어른을 대상으로 이런 교훈과 격언을 등장시킨 이 책은 나름 신선했다. 우리의 복잡한 마음을 일정 정도 위로해주고 안심시켜준다는 점에서 기획은 적중했고, 베스트셀러가 되었지만 거기까지였다. 한 번의 유행으로 지나갔고, 누구나 아는 이야기로 그렇게 살지 않는다고 해서 문제가 생기는 것도 아니다.

그러나 유치원에서 아이들에게 이런 교훈을 가르친다는 것은 분명하다. 초등학교와 중고등학교에서도 물론이다. 윤리, 도덕 시간에 가르친다. 점수를 얻기 위해 배우고, 점수 얻기가 끝나면 나와 상관없는 이야기가 되어버린다. 그렇다면 어른인 우리는 어떻게 해야 할까? 어른의 관점에서 무엇을 선택하는 게 나을까? 정리하고 치우고 손을 씻는 것 말고, 윤리적 기준이 높은 일들에 대해 아이들에게 무엇을 가르쳐야 할까? 어떤 기준과 준칙을 제시해야 할까?

이 책은 아이를 위한 책이기도 하고, 부모를 위한 책이기도 하다. 아이에게 교훈으로 말하는 바는 부모도 지키려 노력해야 한다. 높은 수준의 도덕성이나 윤리성을 강조하는 것이 아니다. 부모는 아이를 기르고 가르치면서 함께 성장해간다는 점을 기억하자. 부모가 된다는 것은 진정한 의미의 '어른'이 되어간다는 뜻이다. 누군가의 본보기, 누군가의 길잡이가 되는 것이다. 그렇다면 본보기로서, 길잡이로서 지녀야 할 책임과 의무가 있다.

로버트 풀검이 한 말처럼, 지금 하는 이야기가 천편일률적이고 고루하게 들릴 수 있다. 그런데 부모가 된다는 것은 천편일률적이고 고루한 일이다. 부모가 아이를 키우고 가르치며 해야 하는 많은 일이 천편일률적이다. 예외가 별로 없다. 갓난아기를 먹이고 재우고 입히는 일, 아이를 어린이집에 보내고 데려오는 일, 학교에 들어간 아이를 위해 동분서주하는 일, 모두 뻔하면서 힘든 일이다. 부모로서의 길에는 예외가 없다. 부모가 아이를 사람답게 키우는 일은 고루하고 번잡한 매일을 살아가는 일이다.

부모는 아이와 함께 성장한다. 그런데 부모의 성장이 먼저다. 부모가 성장해야 아이도 성장한다. 부모는 제자리걸음을 치면서 아이에게만 앞으로 나아가라 말할 수 없고 또 말해도 소용없다. 이는 도덕적이고 윤리적인 말이다. 뻔하면서도 아이를 위한다면 부모가 지켜야 할 기준이고 준칙이다. 다중지능이론Theory of Multiple Intelligences을 통해 아이들의 창조성과 리더십에 새로운 관점을 제시해온 하버드 대학교 교육대학원의 하워드 가드너Howard Gardner도 똑같은 말을 했다.

그는 "자녀를 설득하기 위해 부모가 어떻게 해야 하는가?"라는 질문에 이렇게 답했다. "자녀들은 그들이 가장 존경하는 사람들 때문에 마음을 바꿉니다. 부모일 수도 있고, 형제나 이웃, 혹은 텔레비전의 슈퍼스타일 수도 있습니다. 저는 이것을 '동일화Identification'라고 부릅니다. 자녀들이 보다 강력하고 매력적인 상대와 동일시할 때 마음에 큰 변화가 일어납니다." 아이에게 도덕적 잔소리를 가장 많이 하는 사람은 부모다. 도덕적 잔소리가 실효를 거두려면 가드너의 말대로 부모에 대한 아이의 '도덕적 동일화'가 이루어져야 한다.

아이를 변화시키려면 먼저 부모가 변화해야 한다. 아이에게 시키는 것은 부모도 해야 하고, 아이와 함께 부모도 지키려 노력해야 한다. 아이가 걷는 길은 부모와 함께 걷는 길이다. 앞서 걷기도 뒤로 물러서 걷기도 하는 길이다. 부모가 잘못 인도해서도 안 되고 잘못된 길을 가는 아이를 내버려두어서도 안 된다. 부모로서 기준을 세우고 내 아이를 위한 준칙을 마련해야 한다. 최소한의 '사회학적 부모 노릇'을 절대 포기하면 안 된다. 아이가 하기를 바라는 것, 아이에게 시키는 것을 부모도 하고 지켜야 한다. 이것이 아이를 위한 첫 출발점이고, 아이 교육을 위한 최소한이 여기에 있다.

위협과 윽박 말고 이해와 설득으로 소통하자

잭 캔필드와 마크 빅터 한센이 쓴 《마음을 열어주는 101가지 이야기 3》에 나오는 엄마와 아들의 이야기다.

어느 날 저녁 내 아내가 저녁 준비를 하고 있는데 우리의 어린 아들이 부엌으로 와서 엄마에게 자기가 쓴 글을 내밀었다. 아내는 앞치마에 손을 닦은 다음에 그것을 읽었다. 거기엔 이렇게 적혀 있었다.

　잔디 깎은 값 — 5달러

　이번 주에 내 방 청소한 값 — 1달러

　가게에 엄마 심부름 다녀온 값 — 50센트

　엄마 시장 간 사이 동생 봐준 값 — 25센트

　쓰레기 내다 버린 값 — 1달러

　숙제 잘한 값 — 5달러

　마당을 청소하고 빗자루질을 한 값 — 2달러

　전부 합쳐서 — 14달러 75센트

아내는 기대에 차서 바라보는 아들의 얼굴을 쳐다보았다. 나는 아내의 머릿속에 어떤 생각들이 스쳐 지나가는지 알 수 있었다. 이윽고 아내는 연필을 가져와 아들이 쓴 종이 뒷면에 이렇게 적었다.

　너를 내 뱃속에 열 달 동안 데리고 다닌 값, 무료.

　네가 아플 때 밤을 세워가며 간호하고 널 위해 기도한 값, 무료.

　너 때문에 지금까지 여러 해 동안 힘들어 하고 눈물 흘린 값, 전부 무료.

　이 모든 것 말고도 너에 대한 내 사랑은 무료.

　너 때문에 불안으로 지샌 수많은 밤들과 너에 대해 끝없이 염려해야 했던 시간들도 모두 무료.

　장난감, 음식, 옷, 그리고 심지어 네 코를 풀어 준 것까지도 전부 무료. 이 모든 것 말고도 너에 대한 내 진정한 사랑은 무료.

아들은 엄마가 쓴 글을 다 읽고 나더니 갑자기 눈물을 뚝뚝 흘리며 엄마에게 말했다.

"엄마, 사랑해요!"

그러더니 아들은 연필을 들어 큰 글씨로 이렇게 썼다.

"전부 다 지불되었음!"

_ 《마음을 열어주는 101가지 이야기 3》, 잭 캔필드·마크 빅터 한센/류시화, 인빅투스, 2014, 194-195쪽

　엄마의 현명함과 아들의 사랑스러움이 빛나는 이야기다. 이런 상황에서 많은 부모가 "엉뚱한 소리 하고 있다!"거나 "지금까지 너한테 해준 게 얼만데, 그거 다 갚아볼래?"라고 말할지도 모르겠다. 인용한 이야기 속 아이는 그동안 엄마에게 돈을 달라고 할 명분을 만들어왔다. 나름 머리를 써서 정성을 다해 준비한 것이다. 엄마는 그런 사정을 이해해 윽박지르고 무시하기보다는 아이의 감정을 어루만지며 설득했다. 그리고 엄마의 대응을 아이는 마음으로 이해해 자연스레 솟아나온 사랑의 감정을 표현했다.

　이야기 속 아이는 특별한 아이일까? 그렇지 않다. 모든 아이가 저런 상황에서는 그렇게 행동할 것이다. 상황을 이해하면 아이들은 상황에 맞게 생각하고 행동할 줄 안다. 오히려 아이들의 그런 생각과 행동을 방해하는 사람이 부모인 경우가 많다. 부모의 잘못된 말과 태도가 아이를 상실감과 좌절감으로 이끈다. 아이도 잘 알고 이해하고 있음에도 "네까짓 게 뭘 알아?" 또는 "쪼그만 게 벌써부터!"라는 말로 무시해버리거나 "내가 언제 그랬어?"라든가 "어른이 말하잖아!"라는 말로 상황을 피해가려 한다.

개구지고 장난꾸러기인 아이들을 제어하는 과정에서 부모가 흔히 선택하는 수단이 위협과 윽박이다. 이런 수단이 꼭 나쁘다고만 할 수는 없다. 부드러운 말과 친절한 태도를 악용하는 말썽꾸러기도 있기 때문이다. 하지만 이런 제어 수단을 수시로 기준 없이 사용하면 문제가 생긴다. 또한 아이들을 다루는 수단으로 당근을 제시하며 "장난감 사줄게!" "놀이동산에 데려갈게!"라고 제안한다. 물론 유화 수단이 필요할 때도 있다. 하지만 이 역시 자주 쓰는 것은 문제고, 이렇게 아이를 꾀고 나서 나 몰라라 하는 것은 더 큰 문제다.

아이와 한 약속의 무거움

부모가 이런저런 약속을 남발하고 지키지 않으면 아이는 마음이 상한다. 아이와의 신뢰관계를 무시하고 도외시함으로써 부모는 거짓말쟁이가 된다. 아이는 현재를 살아가는 존재기에 부모의 약속에 대한 기대감이 상상 밖으로 크다. 따라서 지켜지지 않은 약속에 대한 마음의 상처가 클 수밖에 없다. 아이는 부모가 제시하는 당근에 모든 기대를 걸고 그것에 마음을 빼앗겨 하루 종일 그 생각만 한다. 어른 입장에서 포기할 수 있는 것이 아이에게는 포기가 안 된다.

많은 부모가 아이에게 함부로 약속을 한다. 지킬 수 있을지 없을지 가늠하지 않은 채 일단 약속을 한다. 그리고 약속을 지키지 못하더라도 큰 상관없다고 생각한다. 하지만 부모가 상습적으로 약속을 지키지 않는다면 아이는 부모에 대한 불신이 쌓인다. 처음에는 부모가 지키지 않은 약속 때문에 상처받고, 반복되는 약속 불이행은 부모에 대한 반항 심리를 만들어낸다. 더 큰 문제는 이런 일이 반복되는 가운데 자신의 미래를 향한 기대감과 목표마저 접을 수도 있다는 사실이다.

어쩌면 아이는 부모가 참을 수 없을 정도로 심하게 약속 이행을 강요할지도 모른다. 부모는 그런 상황에서 아이를 윽박지르고 싶을 것이다. 하지만 아이가 약속 불이행에 대해 항상 재촉으로 일관하지는 않는다. 피치 못하게 약속을 어기는 경우가 생기면, 부모는 아이에게 왜 그렇게 되었는지 이유와 상황을 설명해주어야 한다. 부모가 왜 약속을 지킬 수 없었는지를 아이의 '말높이'에서 설명해주면 대부분의 아이는 의외로 순순히 받아들인다. 물론 간혹 그렇지 않은 아이도 있지만 말이다.

문제는 약속 불이행을 아무런 설명 없이 넘어가고 심지어 아이를 윽박지르고 무시하는 일이다. 아이의 잘못이 아니라 부모의 잘못으로 벌어진 상황에서 아이의 항의를 잘못된 행동이라 나무라며 제지하는 것은 타당하지 않다. 윗사람이나 타인의 잘못 또는 실수로 피해를 입었음에도 그 사람이 도리어 화를 낸다면 당신은 어떻게 하겠는가? 아이는 약속을 지키지 않은 부모에 대한 서운함과 더불어 부당하게 자신을 비난하고 폭력적 언어로 대하는 부모를 도저히 인정하기 어려울 것이다.

이런 상황은 아이를 두 번 실망시키는 일이다. 부모가 양치기 소년이 되어서는 안 된다. 아이가 양치기 소년처럼 군다면 우리는 당장 아이를 꾸짖고 다시는 그러지 않겠다는 다짐을 받으려 한다. 마찬가지로 아이도 부모에게 다짐을 받고 싶을 것이다. 하지만 어른인 부모를 을러대고 벌을 가할 힘이 아이에게는 없기 때문에 '믿음을 주지 않는 것'으로 나름의 복수를 한다. 부모와 아이의 사이가 벌어지고, 아이가 부모와 소통을 끊는 시작점이 여기다.

어른이라고 모든 상황에 능숙하게 대처하는 것은 아니듯, 아이라고 모든 상황에 미숙하지 않다. 분명한 것은 부모나 아이나 상식적인 선에서 감정과 이해를 함께할 수 있다는 사실이다. 아이라서 항상 잘못하고 실수하는 것도 아니고, 부모라고 항상 아이보다 우월하고 더 올바르게 행동할 수는 없다. 부모도 실수하고 피치 못하게 아이에게 잘못을 저지를 수 있다. 아이에게 꼭 해주고 싶었지만 그렇게 되지 않았다면, 그 마음을 아이에게 반드시 전해야 한다.

양해를 구하고, 미안하다고 사과하며, 또 까닭을 설명해주자. 어른이어서, 부모니까라는 핑계로 그냥 넘어가면 안 된다. 사랑하는 아이에게는 더욱 그래서는 안 된다. 미안하다고 말하는 부모를 아이는 원망하지 않는다. 미안하다고 말하는 데는 용기가 필요하다. 부모는 그 말을 통해 아이에게 '용기'라는 귀중한 삶의 덕목을 가르칠 수 있다. 그렇게 아이는 세상과 사람을 이해하고 보듬는 폭을 넓혀간다. 부모인 당신이 저지른 실수와 잘못, 약속 불이행을 훌륭한 가르침의 기회로 삼아보면 어떨까. 아이는 부모가 저지른 실수와 잘못이 어떻게 해결되는지 똑똑히 지켜볼 테고, 그런 가르침을 통해 현재를 살아가고 미래를 그려갈 것이다.

자랑스러운 부모가 되는 지혜

결코 문제 아동은 없다.
단지 문제 부모가 있을 뿐이다.
_ 교육가 알렉산더 닐

아이는 부모의 뒷모습을 보며 자란다

2011년에 작고한 소설가 박완서는 일제강점기에 초등학교를 다녔다. 당시는 일본말을 국어로 배우던 시절이었다. 그는 그 무렵의 엄마를 이렇게 기억한다.

엄마 손 잡고 첫 등교하던 날 나는 나의 촌스러움보다는 어머니의 초라함이 남부끄러워서 엄마의 손을 얼마나 놓고 싶었는지 모른다. 그때 이미 신식 엄마들은 쪽 같은 거 찌지 않았고 파마나 트레머리를 하고 있었고, 얼굴에 화장하고 옷도 고운 비단옷이었다. 쪽찌고 뻣뻣한 무명 치마저고리에다 검정 고무신을 신은 것도 창피한데 어머니는 일본말도 못했다.

당시에는 담임이 일본사람이 아니라도 학부형을 상대로 꼭 일본말을 썼다. 심지어는 일대일로 말할 때도 통역을 가운데 놓고 말하는 조선인 선생도 있었다. 학년이 높아짐에 따라 같은 반 동무들이 통역을 맡게 됐지만 일본말을 한마디도 통하지 않는 학부모는 한 반에 몇 안 돼 나는 그게 여간 수치스럽지가 않았다.

… 어느 날 어머니가 느닷없이 학교에 나타나셨다. 시골 할아버지가 위독하시다는 전보를 받고 나를 데리러 오신 거였다. 그런 급한 용무 때에는 나를 먼저 불러내어 통역 삼아 선생님에게 사정을 말씀드리는 게 순서인데 엄마는 곧장 선생님한테로 가더니 아주 점잖은 우리말로 조퇴를 시켜야 하는 까닭을 설명하는 것이었다. 쪽찐 머리를 꼿꼿이 곧추세우고 선생님의 얼굴을 똑바로 바라보며 품위 있는 우리말로 당당하게 얘기를 하는 어머니가 나는 너무도 창피하면서 한편 너무도 자랑스러워 가슴이 터질 것 같았다.

그 장면은 국민학교 고학년 때이니만치 상상력으로 윤색하지 않고도 오늘날까지도 나를 감동시키는 가장 우리 어머니다운 모습이다.

_ 《어른 노릇 사람 노릇》, 박완서, 작가정신, 2012, 127-128쪽

좋은 것은 어린이집, 유치원, 학교에서 다 배운다. 그런데 이렇게 좋은 것을 가르쳐주면 뭐 하나? 아이는 편안한 공간인 집에 와서 부모로부터 나쁜 것을 배운다. 무의식적으로 배운다. 아이가 나쁜 길로 빠지면 부모는 아이 친구들을 탓한다. 그런데 아니다. 아이는 부모가

무언으로 무의식중에 가르치는 것을 통해서 나빠진다. 그런 아이가 나가서 자기와 비슷한 아이들, 비슷한 부모를 가진 아이들과 어울리며 부모들의 모습 그대로를 보여준다.

문제를 일으킨 아이들의 부모를 함께 모아보면 닮은 구석이 많다. 아이가 가진 문제를 부모도 똑같이 가지고 있다. 아이가 안하무인이면 부모도 안하무인이다. 오히려 아이의 변화보다 부모의 변화가 시급한 경우가 많다. 아무리 아이를 좋은 방향으로 이끌려 해도 문제 부모가 바뀌지 않는 상황에서 아이를 바르게 고쳐놓기는 어렵다. 문제 아이들이 개선되기 어려운 이유는 다름 아닌 문제 부모에게 있다. 아이는 문제 부모가 있는 가정으로 돌아가야 하고, 문제 부모는 문제 아이를 고칠 수 있는 능력과 태도를 가지지 않은 까닭에 상황은 더 심각해진다.

부모는 아이의 롤모델이 될 수밖에 없다. 함께 자고 먹고 입고 놀러 다니며, 부모와 아이는 서로를 바라보며 살아간다. 다 큰 어른이 되어 만난 부부도 살다 보면 닮는다고 하는데, 하물며 어떻게 아이가 부모를 닮지 않을 수 있는가? 아이는 부모를 보며 잠자는 법, 음식 먹는 법, 옷을 입고 벗고 정리하는 법을 배우고 습관을 들인다. 또한 밖에 나가서 낯선 사람들과 만났을 때 어떤 행동을 해야 하는지 배운다. 아이는 부모가 하는 모습 그대로를 모방하고 따른다. 삶 속에서 반영되는 부모의 생각, 가치관, 윤리, 도덕, 태도를 부단히 배우는 것이다.

《이야기 명심보감》에 있는 예화를 소개한다.

가난하지만 아주 효심이 두터운 내외가 있었다. 마침 여름이어서 모두 일을 하러 들에 나가고 늙은 할머니 혼자 집을 보게 되었다. 혼자 집을 보던 할머니는 심심하기도 하고, 무슨 일이든 거들어야 할 것 같은 생각이 들어서 호박 구덩이에 거름을 주기로 했다.

그런데 눈이 어두운 터라 그만 막 짜다 놓은 참기름 단지를 들어다가 호박 구덩이에 붓고 말았다. 밖에 놀러 나갔던 손녀가 돌아와 이 광경을 보고는 깜짝 놀랐다. 그러나 그 사실을 바로 할머니께 말씀드리면 놀라실 것 같아 모른 체하고 얼마 후 돌아오신 어머니에게 귓속말로 말씀드렸다.

"어머니, 할머니께서 참기름을 오줌인 줄 아시고 호박 구덩이에 부으셨어요."

"뭐야? 그래, 할머니께서도 아시니?"

"아니요, 말씀드리면 놀라실 것 같아서 아무 말씀도 드리지 않았어요."

"오냐, 참 잘했다. 할머니께서 아시면 얼마나 놀라시겠니?"

며느리는 딸의 행동이 기특해서 등에 업고 뜰을 돌며 칭찬을 했다. 조금 후 남편이 돌아와 그 광경을 보고 이상하게 여겨 물었다.

"아니, 여보! 다 큰 아이를 업고 웬 수선이오?"

"글쎄, 이 아이가 얼마나 기특한지 알아요?"

그러고는 남편에게 귓속말로 자초지종을 다 들려주었다.

"어머니께서 거름을 주시느라 힘이 드셨을 것 같아 지금 찰밥을 찌는 중이에요. 당신은 아무것도 모르는 체하셔야 돼요!"

이 말을 들은 남편은 갑자기 땅에 엎드려 아내에게 절을 했다.

"여보, 내 절 받으시오. 내 어머님을 그처럼 받드니 어찌 내가 절을 하지 않을 수 있겠소?"

_《이야기 명심보감》 가운데 〈효행편〉, 조수익, 한국독서지도회, 2003

이 일화를 보면 딸이 엄마에게, 엄마가 아버지에게 하는 특이한 행동이 있다. 바로 '귓속말'이다. 또 할머니의 잘못된 행동에 대해서도 손녀는 함부로 말하지 않는다. 손녀는 이런 행동을 누구에게서 배웠을까? 자기 부모에게 배웠을 것이다. 남의 잘못된 행동을 나서서 지적하지 않고, 잘못된 행동에 대해 누군가에게 알릴 때 부모가 귓속말로 하는 것을 보았고 자연스레 배웠다. 큰소리로, 잔소리로 가르치지 않았기에 엄마는 딸의 그런 자연스러운 행동이 너무 대견했을 것이다.

아버지는 자기 부모에게서, 엄마 또한 친정부모에게 그런 행동거지를 배웠다. '끼리끼리 만난다'고 좋은 엄마는 좋은 아빠를 만나 절을 받고 존중받는 것이다. 그런 부모 밑에서 행동거지가 바른 딸이 자라난다. '효도해야 한다'고 외치고 또 외쳐봐야 부질없다. 부모가 조부모에게 평소 하는 행동이 아이의 효행을 결정한다. 부모가 아무 생각 없이 하는 말과 행동이 아이의 행동을 낳는다. 행동이 바른 아이는 저절로 만들어지지 않는다. 아빠가 엄마에게 하는 행동과 말씨가, 엄마가 아빠에게 보이는 태도가 아이를 올바르게 빚는다.

도대체 누구를 닮아서 저럴까?

앞서 강조했듯, 아이는 좋은 것은 잘 배우지 않는다. 부모의 좋은 점보다는 나쁜 점, 약한 점을 쉽게 배운다. 그래서 우리는 "지 아비를 닮아서!" "지 어미를 닮아서!"라는 비아냥거리는 말을 흔히 하는 것이다. 문제 행동의 책임이 부모에게 있다. 물론 사실과 진실이 섞인 말이다. 문제 행동의 책임은 분명히 부모에게 있다. 아이는 다른 누구에게 배우는 게 아니다. 다른 사람에게 배운다 하더라도 그 뿌리에는 부모가 있다.

이솝우화에 유명한 이야기가 있다. '엄마 게와 아기 게' 이야기다. 엄마 게는 옆으로 걷는 아기 게가 너무 걱정스러웠다. '우리 아기는 왜 자꾸만 옆으로 걷는 걸까?' 엄마 게는 아기 게를 불러 타이른다. "아가야, 옆으로 걷지 말고 앞으로 걸으렴!" "네, 엄마!" 하지만 아기 게는 계속 옆으로만 걷는다. 엄마는 아기 게에게 말한다. "또 옆으로 걸으면 어떻게 하니? 엄마가 보여줄 테니 이렇게 앞으로 걸으란 말이야!" 엄마 게가 시범 삼아 걷는다. 물론 엄마 게도 옆으로 걷고 있다. "엄마도 옆으로 걷잖아요!" 아기 게가 눈을 동그랗게 뜨고 말한다.

아기 게는 태어나서 엄마 게가 옆으로 걷는 것을 보았고 그대로 따라 했다. 그렇게 하는 것이 바른 행동인 줄 알았다. 그런데 어느 날 엄마 게가 앞으로 걸으라고 말한다. 그러는 엄마 게는 옆으로 걸으면서. 아기 게는 알겠다고 했지만 이미 굳어진 습관을 고치지는 못한다. 아기 게는 무엇보다 엄마는 옆으로 걸으면서 자기더러 앞으로 걸으라는 말이 싫었을 것이다. '엄마는 옆으로 걸으면서 왜 내게만 앞으로 걸으라고 하는 걸까?' 아기 게는 행동과 일치하지 않는 엄마의 말에 대한 반발심으로 잘못된 행동을 고치지 않은 것일 수도 있다.

아이는 부모의 근사한 앞모습을 닮지 않는다. 근사하고 멋있어지는 것은 쉽지 않다. 아이는 부모의 숨기고 싶은 뒷모습을 닮는다. 뭔가 엉성하고 형편없는 모습을 닮는 것은 의외로 쉽다. 제발 날 닮지 않았으면 하는 것을 아이는 귀신같이 닮는다. 그리고 그대로 행동으로 옮겨 속을 태운다. 평소 부모가 그런 모습을 아이에게 가감 없이 선보였고, 아이는 항상 그 모습을 보면서 자라기 때문이다. 부모가 무의식중에 하는 행동, 말, 태도가 스폰지와 같은 상태인 아이에게 자연스레 스며든다.

부모는 아이를 비추는 거울이다. 아이도 부모를 비추는 거울이다. 아이가 속을 썩인다면, 그것은 부모의 모습이다. 부모는 아이를 통해 알아야 한다. 아이의 행동이 곧 자신의 잘된 또는 잘못된 행동의 반영이라는 사실을 말이다. 아이라는 거울을 통해 나는 내 아이에게 어처구니없는 본보기였음을 깨달아야 한다. 어쩌면 부모가 아이의 반면교사가 아니라, 아이가 우리의 반면교사일지도 모른다. 아이들이 우리에게 배우는 것이 아니라, 우리가 아이들에게 배우고 깨달아야 한다.

아이를 바꾸려하기보다 부모인 자기 자신을 바꾸는 것이 먼저다. 나는 형편없는 그대로이면서 아이에게 바꾸라고 말한다면 아이가 그렇게 되겠는가? 아이가 크면 분명 이런 말을 할 것이다. "아빠도 그랬으면서!" "엄마는 그럼 왜 그렇게 했어?" "내가 잘못된 건 모두 엄마 아빠 때문이야!" 그때 혹시라도 이런 말은 하지 말아야 한다. "도대체 누구를 닮아서 저럴까?" 누구긴 누구겠는가? 바로 나, 아이의 부모인 나를 닮는다.

부모의 현재 모습이 아이의 미래다

KBS2 채널에서 2003년부터 2005년까지 방영했던 청소년 드라마 〈반올림 1〉이 있다. 이 드라마에서 아빠(강석우 분)는 여중생 옥림이(고아라 분)를 따뜻하게 보듬어주고, 엄마(이응경 분)는 사사건건 간섭하며 잔소리를 하는 역할이었다. 그래서 엄마와 옥림이의 갈등이 주요한 테마 가운데 하나였는데, 엄마는 자기 방 청소도 안 한다며 옥림이를 구박한다. 또 옥림이가 모처럼 데려온 친구들을 언니 공부에 방해된다며 내쫓는다. 그런 엄마가 무식하고 촌스럽다며 옥림이는 불만이 가득하다. 그런 내용을 일기장에 써두었는데 엄마가 이를 보고 만다. 화가 난 엄마는 친구를 만나러 가는 옥림이를 나가지 못하게 막아서고 옥림이는 억울해한다. 옥림이는 15시간 동안 벌을 서고 나서 간신히 친구를 만나지만, 일이 꼬여 정해진 시간까지 집으로 돌아오지 못한다. 가족들은 옥림이를 찾아 여기저기를 헤매다 공중화장실에서 잠이 든 옥림이를 발견한다. 집으로 돌아온 엄마는 옥림이를 붙들고 눈물을 흘리며 말한다. "난 네 뒷모습을 보면 못났던 내 어린 시절이 생각나. 얼굴도 못생기고 공부도 못하고 항상 덜렁대기만 했던 내 모습이. 그래서 내 딸만큼은 그러지 않았으면 하고 바랐는데 넌 어쩌면 그렇게 내 모습을 닮았는지. 그런 너를 보면서 안쓰럽기도 하고 때로는 화가 나기도 하고. 그래서 너에게 잔소리도 많이 하고, 별일 아닌 데도 화를 내는 게 아닌가 싶어. 엄마는 우리 딸을 볼 때면 좀더 예쁘게 자라주었으면 하고 바란단다." 엄마와 옥림이는 서로 껴안고 눈물을 쏟고, 옥림이는 다시는 엄마 속을 썩이지 않겠다고 다짐한다. 물론 다음 날 늦잠을 자 허둥지둥대는 옥림이에게 엄마의 잔소리가 쏟아지는 일상이 이어지지만 말이다.

우리는 순간순간 번뜩이는 아이의 말과 행동을 보면서 가슴 뿌듯해지곤 한다. 부모는 이런 아이를 보며 자랑하기 바쁘다. 그런데 또 문득문득 보이는 아이의 어이없는 말과 행동을 보면서 '누구를 닮아 저럴까?' 한숨짓기도 한다. 앞에서 아이는 부모의 뒷모습을 보고 배운다고 말했다. 내가 신경 쓰지 않고 무심결에 한 행동을 아이는 배운다. 우리는 아이의 미래를 바라보며 가르치지만, 아이는 현재 속에서 배우고 익히며 미래로 나아간다. 결국 미래를 결정짓는 것은 부모인 나와 내 아이가 살아가는 현재다.

우리는 부모에게서 들었던 말들을 자기도 모르게 하곤 한다. 입에 담고 싶지 않았던 말을 자기도 좋아하지 않는 어투로 내뱉는다. 어린 시절 제일 듣기 싫었던 말은 무엇이었던가. "방에 들어가서 공부해!" "텔레비전 그만 보고 공부해!" "게임 그만해! 정말 핸드폰 부숴버릴 거야!" 부모니까 아이에게 할 수도 있는 말이다. 그런데 그 말에 이어지는 행동이 문제다. 부모인 나는 아이에게 잔소리를 하고서는 텔레비전 리모컨을 손에 들고 채널을 돌리거나 핸드폰을 들여다본다.

지금 내가 보이는 모습이 미래의 아이 모습이다. 내가 현재를 어떻게 살아가는가가 미래에 아이가 어떻게 살아갈지를 결정한다. 경제적인 상태나 직업을 말하는 게 아니다. 부모가 보여주는 삶에 대한 마음가짐, 사람을 대하는 태도, 돈과 물건에 대한 씀씀이가 어떤가가 중요하다. 부모가 하루하루 어떻게 살아가는지를 보면서 아이도 매일매일 익혀나간다. 그러한 매일이 쌓여 아이의 미래가 결정된다. 잘 쌓여진 하루하루는 아이의 미래를 좀더 밝게 만들지만, 잘못 쌓여진 매일은 그렇지 못할 것이다.

앞에서 박완서 작가가 기억하는 일화를 살펴보았다. 그는 또다른 어머니의 모습도 기억하는데, 박완서가 작가로 성장할 수 있었던 배경을 엿볼 수 있다.

> 어머니의 기억 중 가장 오래된 것은 편지 써주는 어머니이다. …
> 희미한 등잔불 밑에 아낙네들이 두런두런 모여 앉아 있다. … 아낙네들 중에는 엊그제 시집온 젊은 새댁도 있다. 분위기가 어쩐지 수다를 떨고 싶어 모인 보통 마실과는 달라 보인다. 어머니가 먹을 갈고 있다. 책상을 가지고 있을 리 없는 어머니는 부엌에 가서 밥상이라도 들여왔으면 좋으련만 그러지 않고 두루마리 종이를 한 손으로 풀어내면서 한 손으로 글씨는 쓴다. 다 쓰고 나면 읽어준다.
> 읽어주는 사연을 듣고 어떤 새댁은 훌쩍훌쩍 울기도 한다. …
> 친정어머니한테 맵고 서러운 시집살이를 호소하는 편지로부터 새로 사돈이 된 양가끼리 주고받는 정중하고 격식적인 편지까지 어머니는 막힘 없었나 보다. 나중에 들어서 안 일이지만 특히 사돈끼리의 편지는 은근히 상대방 가문의 교양 정도를 저울질할 수 있는 중요한 척도가 되는지라 자존심을 걸고 잘 써야 했다고 한다. 그런 까다로운 편지까지 어머니가 맡아놓고 대필을 하셨다니 그때 동네 여자들이 까막눈이어서가 아니라 어머니의 글과

글씨 솜씨를 기려서가 아니었던가 싶다.

나는 그때 무엇을 하고 있었을까. 아마 한잠 푹 자고 나서 두런거리는 기색에 눈을 뜨고 그 광경을 바라보았을 것이다. 그 광경이 가장 오랜 기억답게 희미하면서도 상상력이 가미돼 어제런 듯 생생한 것은 가슴이 터질 듯한 자랑스러움 때문일 것이다.

아무것도 밑에 받치지 않고 가슴 높이에서 두루마리 종이를 펴가면서 붓글씨를 써내려가는 어머니가 나는 그렇게 자랑스러울 수가 없었다. 둘러앉은 동네 여자들이 다들 어머니의 그런 장중한 모습을 숨을 죽이고 흠모하고 있는 것처럼 보였다.

_《어른 노릇 사람 노릇》, 박완서, 작가정신, 2012, 124-126쪽

선잠에서 깬 꼬마 아이는 주위 아낙들의 존경과 흠모 속에서 글을 써내려가는 어머니를 보았다. 가슴이 벅차오를 정도로 자랑스러운 어머니는 매일매일 박완서의 가슴과 머리에 들어왔을 것이다. 아직 학교에도 들어가지 않은 아이가 바라본 어머니는 아주 큰사람이었다. 아이는 자기도 모르는 사이 어머니의 그 모습을 미래 자신의 모습으로 만들어갔다. 어머니는 박완서 자신이 닮고 싶은 롤모델이었고, 어머니가 써내려간 글씨를 미래에 박완서도 써내려갔다. 어머니의 현재가 딸 박완서의 미래를 만들고 결정했던 것이다.

옥림이는 비록 공부도 못하고 덜렁대지만, 의협심도 강하고 정이 많은 아이다. 늦잠을 자 지각하기 일쑤고 갖가지 실수로 엄마에게 잔소리를 듣지만, 바른 말과 옳은 행동으로 주위 사람들에게 사랑받는

아이다. 그런 옥림이 뒤에는 자상하고 품이 넉넉한 아빠가 있었다. 옥림이가 상심하고 좌절할 때면 다가와 기운을 북돋우고 웃게 만들어주었다. 극성맞아 보이는 엄마는 부지런하고 따뜻한 사람이다. 옥림이의 정의감 넘치는 행동과 베풀 줄 아는 마음씨는 엄마를 빼닮았다. 말썽꾸러기 옥림이의 하루하루는 그런 엄마와 아빠가 곁들여져 건강하고 밝게 한걸음 한걸음 나아가고 있었다.

대부분의 아이는 제대로 잘 커간다. 왜냐하면 대부분의 부모가 하루하루 열심히 살아가기 때문이다. 미래는 갑자기 다가오는 것이 아니라 조금씩 흘러가는 현재의 순간순간이 모여 나타난다. 찬란한 미래도 허접한 미래도 그렇게 열리고 나타난다. 부모가 하루하루를 잘 지어가야 하는 것은 본인을 위해서도 아이를 위해서도 정말 소중한 일이다. 하루를 잘 지어가는 부모를 보면서 아이도 하루를 잘 지어가야 함을 깨닫는다는 사실을 명심하자. 현재를 열심히 살아가는 것이 어떤 가치를 가지는지 아이에게 분명하게 가르쳐주어야 한다.

동네 초등학교 교정 등나무 아래 나무 팻말에는 이런 글이 쓰여 있다. "부모 된 사람들의 가장 큰 어리석음은 자식을 자랑거리로 만들고자 함이다. 부모 된 사람들의 가장 큰 지혜로움은 자신들의 삶이 자식들의 자랑거리가 되게 하는 것이다." 부모 된 사람의 지혜로움이란 현재를 잘 살아가는 일이다. 현재를 잘 살아가는 부모는 아이들에게 존중을 받고 자랑거리가 된다. 아이들은 그런 부모를 따라 배우고, 그런 아이는 자연스레 부모가 자랑하고 싶은 어른으로 성장할 것이다.

엄마와 아빠는 서로에게 든든한 동지여야 한다

남편이 퇴근해 집에 들어서는데 아내의 큰소리가 집안을 울린다. "네가 잘못한 거 알아 몰라? 하지 말라고 몇 번이나 말했어?" 아이는 두 손을 들고 엄마의 꾸중에 눈물이 그렁그렁하다.

"아니, 뭘 잘못했다고 아이한테 큰소리야?" 아빠의 말에 아이가 두 손을 내리고 달려오며 울음을 터트린다.

엄마가 소리 지른다. "이리로 다시 안 와?"

아이는 아빠 뒤로 숨으며 "엄마는 내가 하고 싶은 거 하지 말라고만 해요"라면서 동조를 구하는 눈길을 보낸다.

"아이한테 소리 지르면서 그러지 마! 옆집 사람들이 들으면 뭐라 그러겠어?" 엄마는 기가 막힌다. 아무것도 모르는 남편이 들어오자마자 아이 편을 들면서 도리어 타박이다. "얘가 무슨 잘못을 했는지 알아? 아이 교육시키려면 큰소리도 나고 그러는 거지, 왜 나한테 뭐라고 그래?"

남편은 넥타이를 풀며 맞받는다. "애한테 소리 지르는 게 교육이야? 조용히 타일러도 다 알아듣는다고!"

아내가 언성을 높인다. "얘가 그런 애야? 조용히 말해서 알아듣는 애냐고?"

남편의 목소리도 커진다. "언제 당신이 조용하게 말한 적 있어? 나한테도 걸핏하면 큰소리잖아?"

"내가 언제 큰소리를 쳤다고 그래?"

"봐! 지금도 내게 소리치잖아!"

"그럼 당신은 내게 친절하게 말씀하시나?"

아이는 언쟁을 벌이는 부모 사이에서 귀를 막고 서 있다. 아이 교육문제가 부부싸움으로 번져버렸다. 이 상황에서 누구 잘못이 가장 클까? 아이들은 항상 실수와 어긋난 행동을 한다. 따라서 엄마에게든 아빠에게든 혼이 나고 벌을 받을 개연성이 높다. 아이는 그렇게 실수하고 시행착오를 겪으며 성장한다. 아이는 자기가 저지른 일에 대해 응당한 조치를 받은 것이다. 아이가 저지른 잘못된 행동을 나무라는 엄마도 잘못은 없다. 엄마 말처럼 교육하고 훈육하는 것은 당연한 의무다.

이 상황에서는 아빠의 잘못이 가장 크다. 아빠는 아이가 무슨 일로 혼이 나는지 전혀 모르면서도 엄마 탓을 했다. 이 상황에서 중요한 것은 아내가 아이에게 내는 큰소리가 아니라, 아이의 잘못을 지적하고 고치는 일이다. 아내가 과도하게 체벌을 한다거나 겁박을 하는 상황이 아니라면 개입해서는 안 된다. 더구나 애써 아이가 뉘우치도록 만드는 상황에서 아빠가 산통을 깨버렸다. 아이는 그런 아빠를 향해 달려갔다. 아이가 자신의 잘못을 시인하고 반성할 수 있는 기회를 아빠가 날려버린 것이다. 아이는 아빠와 합세해 엄마를 탓하고 있다. 자기는 잘못이 없고 엄마가 문제라고 고자질한다. 남편은 아내의 큰소리에 초점을 맞췄고 제일 중요한 아이의 훈육문제는 도외시했다.

아이를 가르치는 일이 전혀 다른 문제로 변질되어버렸다. 아내의 태도, 남편의 행동이 문제가 되어 서로를 비난하고 조롱하는 단계로 접어들었다. 본격적인 부부싸움이 된 것이다. 아빠는 참아야 했다. 사정이나 상황을 제대로 인식하지 못했다면, 아내가 아이에게 하는 훈육에 대해 모르는 체해야 했다. 지금 상황에서 모든 권한은 아내에게 있고 그것을 존중해주어야 한다. 아내는 아이가 저지른 일의 자초지종을 잘 알고 있기에 아이를 꾸짖고 반성하도록 만들 수 있었다.

아빠는 이 상황에서 물러나 있어야 했다. 아내가 아이를 충분히 훈육할 수 있는 시간을 주고 난 다음, 아내에게든 아이에게든 간섭해야 했다. 그랬다면 남편은 아내의 과도한 행동에 대해 차분하게 지적하면서 동시에 아이의 훈육도 제대로 이루어질 수 있었을 것이다.

남편의 개입은 아이의 훈육이라는 중요한 과제를 도로아미타불로 만들었다. 아이는 같은 상황이 오면 자신의 잘못을 피하기 위해 또다시 아빠에게든 엄마에게든 달려갈 것이다. 자신의 잘못을 반성하기보다는 엄마와 아빠의 갈등 상황을 조장할 수도 있다. 아이의 훈육은 무척이나 까다로운 일이다. 아이들은 같은 실수와 잘못을 반복하고, 부모는 지속적인 반복 훈육을 통해 조금씩 고쳐나갈 수 있다. 그런데 한 번 어긋나버리면 처음부터 다시 반복해야 하는 것이 아이들 훈육이다.

남편이라면 아내의 상황을 역으로 생각해보자. 아이가 아빠와 한 약속을 어기고 게임에 몰두해 아빠가 게임기를 빼앗고 야단을 치는데, 아내가 들어와 "당신도 게임하면서 왜 아이한테만 뭐라고 해!"라고 말한다면 기분이 어떨까? 당장 이런 마음이 들 것이다. '아니, 이 사람이 뭐 하자는 거야?' 어른도 많은 실수와 잘못을 저지르지만, 부모이기에 아이에게는 그런 일을 하지 못하게 말리는 것이다. 아이를 위해서라도 부부는 아이를 향한 훈육에 대해 서로의 권한을 인정해야 한다. 엄마의 훈육에 아빠는 무언의 지지를 보내야 하고, 그 반대도 마찬가지다.

　아이의 훈육과 교육은 공동의 책임이고 의무다. 엄마든 아빠든 아이가 잘되길 바라는 마음에서 꾸중하고 벌을 세운다. 이런 사실을 안다면 그런 상황에서 상대방은 한발 물러서야 한다. 그래야 아이가 잘못을 뉘우치고 깨닫고 배울 수 있다. 훈육의 시간이 끝나고 나서 아내에게 '과하다, 덜하다' 하는 의견을 말하면 된다. 또 엄마에게 혼이 난 아이를 위로하면서 다정한 훈육의 기회를 한 번 더 가질 수도 있다.

　부부는 서로에게 든든한 후원자여야 하며, 서로의 훈육을 존중해야 한다. 아이도 이런 상황을 모르지 않는다. 남편이 아내의 훈육을 무시하면, 아이도 엄마 말을 무시해버린다. 훈육만 무시하는 것이 아니라, 급기야 엄마와 아빠를 무시하는 상황으로 이어진다. 엄마가 아빠를 무시하면, 아이도 아빠를 무시한다. 아빠가 엄마의 말을 자르면, 어느 순간 아이도 엄마의 말을 잘라버린다. 아이를 잘 기르겠다며 행사한 훈육은 완전히 사라지고, 아이의 버릇만 더 나빠지는 악순환에 빠질 수도 있다.

　거듭해서 말하지만, 아이는 나쁜 것을 기가 막히게 잘 배운다. 아이는 집에서 키우는 반려견과 비슷한 본능을 보인다. 반려견을 길러본 사람이라면 잘 알 것이다. 강아지는 집안의 서열을 매겨 서열이 제일 높은 사람은 잘 따르지만, 그렇지 않은 사람 말은 잘 안 듣는다. 아이도 그런 눈치를 보며 부모를 대한다. 더욱 심각한 문제는 아이가 타인에 대한 '존중감'을 배울 수 없다는 것이다. 타인에 대한 존중감은 물론이고, 자기존중감도 배울 수 없다. 남 탓만 하며 자신의 문제를 회피하는 사람으로 자라기 쉽다.

　부부는 서로를 지지하고 존중해야지, 비난하거나 무시해서는 안 된다. 아이는 엄마가 아빠에게 하는 행동, 아빠가 엄마에게 하는 말을 따라 배운다. 자신의 문제로 다투는 모습을 통해 아이는 마음에 상처를 입기도 한다. 부모가 보여준 문제들로 아이가 멍드는 것이다. 부부의 목표는 같다. 아이를 제대로 가르치고 키우는 일이다. 상대의 훈육이 과도하지만 않다면 지켜봐주고 응원해주자. 그 노고와 노력을 칭찬해주자. 이 또한 아이가 따라 배운다. 다시 강조해 말하면, 부모의 목표는 분명하다. 아내든 남편이든 아이를 잘 기르고 싶다는 것이다.

이야기를 들어주고 편이 되어준다

> 어린아이는 마음의 힘이 부족한데도 불구하고, 어른의 욕심으로 성급히 끌어내거나 끌어올려서는 안 된다. 순서를 밟아 차츰 연습을 통해 인도해야 한다. 너무 엄하고 너무 꾸중을 해 어린아이를 과로하게 해서는 안 된다. 차근차근 연습의 과정을 밟지 않고 성급히 향상되기만을 바라는 마음에서 채찍질을 한다면, 그로 인해 어린아이의 마음도 도리어 약해지고 흔들려 마침내 균형을 잃고 말 것이다.
> — 교육사상가 페스탈로치

자기신뢰감은 저절로 생겨나지 않는다

피그말리온은 그리스 키프로스섬의 조각가였다. 피그말리온은 상아로 여인을 조각했는데, 마치 살아 있는 것처럼 보였다. 그는 자신이 만든 조각상을 점점 실제 여인으로 느끼게 되면서 조각상을 어루만지고 심지어 입술에 입맞춤을 하기도 했다. 마침 키프로스섬의 수호신인 사랑의 여신 아프로디테의 축제일을 맞이해 피그말리온은 귀중한 제물을 제단에 바치며 조각상과 같은 여인을 아내로 맞게 해달라고 간절히 기도했다. 아프로디테는 그의 간절한 소원에 감동해 조각상을 진짜 여인으로 만들어주었고 피그말리온은 이 여인과 결혼해 행복하게 살았다.

교육학과 심리학에서 자주 인용되는 '피그말리온 효과Pygmalion Effect'의 배경이 되는 그리스신화의 내용이다. 1968년 미국의 교육학자 로버트 로젠탈Robert Rosenthal과 리오노어 제이컵슨Leonore Jacobson은 샌프란시스코에서 초등학교 학생들을 대상으로 실험을 실시했다. 두 사람은 학생들에게 지능검사를 하고 실제 점수와는 무관하게 무작위로 뽑은 학생들의 명단을 교사들에게 넘겨주었다. 그 명단의 끝에는 '객관적으로 지적 능력이나 학업 성취의 가능성이 높다고 판명된 학생들'이라는 거짓 정보가 쓰여 있었다.

몇 개월 후 두 사람은 다시 전체 학생의 지능검사를 했다. 그런데 처음 검사와 비교해보았더니 놀라운 점이 발견되었다. 거짓 명단에 속했던 학생들이 다른 학생들보다 평균 점수가 높을 뿐 아니라, 예전에 비해 성적이 큰 폭으로 향상되었던 것이다. 그 이유를 살펴보니 교사들이 명단에 포함된 아이들의 지능검사 결과를 믿고 그들을 정성껏 돌보고 칭찬했던 것이다. 아이들도 선생님이 관심을 보이자 공부에 대한 열의와 태도가 달라졌고 자신의 잠재 능력을 발휘했다. 이런 결과에 대해 두 사람은 '피그말리온 효과(또는 로젠탈 효과)'라 이름 붙였다.

피그말리온 효과는 '자기충족적 예언Self-Fulfilling Prophecy'이라 부르기도 한다. 즉 어떻게 행동할 거라는 주위의 예언이나 기대가 행위자에게 영향을 미쳐 결국 그렇게 행동하도록 만든다. 처음에 뭔가를 기대할 수 없는 사람이었다 해도 지속적으로 신뢰를 주고 응원하면 원하는 모습으로 변신할 수 있는 능력이 누구에게나 있다는 것이다. 반대로 한 번 나쁜 사람으로 찍히면 스스로 나쁜 행동을 하게 되는 효과도 있다. 이를 일컬어 심리학에서는 '스티그마 효과Stigma Effect'라 부른다.

스티그마의 원래 뜻은 꽃의 암술머리다. 그런데 일반적으로는 '오명' 또는 '오점'이라는 뜻으로 쓰인다. 왜 꽃의 암술머리라는 말이 오명이나 오점이라는 뜻으로 쓰이게 되었을까? 꽃의 암술머리는 수술의 꽃가루를 받아 수정을 하고 열매를 맺는데, 꽃가루는 바람이나 곤충과 같은 외부요인에 의해 암술머리로 옮겨진다. 따라서 옮겨주는 벌이나 나비가 다른 꽃의 꽃가루나 잘못된 꽃가루를 옮기면 암술은 수정을 할 수 없고 열매도 맺을 수 없다. 말하자면 외부에서 잘못 전달된 꽃가루로 암술머리는 자기의 뜻과 상관없이 열매를 맺지 못하게 되어 버린다.

스티그마 효과는 다른 말로 '낙인 효과'라고도 한다. 너새니얼 호손이 쓴 소설 《주홍글씨》의 주인공 헤스터 프린의 가슴에 새겨진 'A'라는 글씨처럼 어떤 사람에게 낙인을 찍어 옴짝달싹하지 못하도록 만드는 것이다. 그런데 피그말리온 효과든 스티그마 효과든 그 효과의 뿌리는 다른 사람으로부터 시작된다. 내가 가진 본래 모습이 나를 규정하는 것이 아니라 다른 사람이 나에 대해 가지는 이미지, 생각, 호칭이 나를 규정한다. 나와 관련이 있든 그렇지 않든 상관없이 남이 부여한 것으로 나는 '어떤' 사람이 되는 것이다.

부모의 믿음만큼 아이는 자란다

앞서 로젠탈과 제이컵슨의 예에서 보듯 아이에 대한 편견이 아이의 인생을 바꿀 수 있다. 비록 잘못된 정보일지라도 아이에 대해 높게 평가하면 아이는 그 평가대로 높이 날아오른다. 반대로 낮게 평가하면 아이는 그대로 낮아지고 작아진다. 아이가 가진 가능성은 아무도 알지 못한다. 몇 가지 평가를 통해 그 아이의 모든 것을 알 수는 없다. 그럼에도 우리는 아이를 이렇게 저렇게 구분한다. 이렇게 한번 지어진 구분은 중고등학교를 거치며 완전히 굳어져 다른 기회를 얻지 못한 채 아이는 그 구획선 안에 주저앉아버린다.

우리는 사람에 대해 잘 판단할 수 있다고 생각하지만, 의외로 그러지 못한다. 어떤 학교를 나왔고, 누구와 친하며, 어떤 경력을 가졌다는 정도로 그 사람을 단정 짓는다. 그 사람에 대한 풍문 또는 겉모습으로 지레짐작한다. 이를 다른 말로 '편견' 또는 '선입견'이라 부른다. 왜곡된 견해, 미리 넘겨짚는 생각이다. 편견이 얼마나 심각한 문제를 일으키는지 우리는 잘 안다. 선입견으로 인한 오해가 어떤 비극을 낳는지 역사를 통해 숱하게 배워왔음에도, 여전히 이런 잘못과 실수를 반복한다.

《마시멜로 이야기》로 유명한 호아킴 데 포사다가 쓴 다른 책이 《바보 빅터》라는 제목으로 나와 있다. 남들 앞에서 말을 심하게 더듬어 바보 취급을 당하던 빅터. 하지만 엄청난 잠재력을 지닌 빅터는 선생님이 가진 편견 때문에 지능지수 168이 68로 잘못 알려지게 된다. 그 후 17년 동안 지능지수 68짜리 바보로 형편없는 삶을 이어간다. 그러다 우연한 기회에 원래의 지능지수가 밝혀지고 많은 사람의 찬탄 속에서 새로운 인생을 맞이한다. 바보 빅터에서 천재 빅터로 다시 태어난 그는 수많은 청중 앞에서 이런 말을 전한다.

> 우리는 콘래드 힐튼의 쇠막대기처럼 무한한 가능성을 갖고 있습니다. 절대로 우리의 가치는 정해져 있지 않습니다. 몇몇 사람들은 제가 IQ가 높기 때문에 성공했다고 말합니다. 하지만 여러분도 아시다시피 저는 17년 동안 바보로 살았습니다. 17년 동안 IQ는 제게 아무런 도움도 주지 못했습니다. 아무리 뛰어난 재능을 지닌 사람도 자신을 과소평가하면 재능을 펼치지 못합니다. 자신이 말굽밖에 될 수 없다고 생각하면 말굽밖에 되지 못하고, 바보라고 생각하면 진짜 바보가 되는 것입니다.
>
> _《바보 빅터》, 호아킴 데 포사다·레이먼드 조, 한국경제신문, 2011, 197쪽

바보 빅터가 스스로를 과소평가하기 전에 그를 과소평가했던 사람들이 있었다. 말을 심하게 더듬는 빅터를 계속해서 놀렸던 학교 친구들과 그의 지능지수를 의심하고 잘못 기록한 로널드 선생님. 트레일러에서 함께 살던 아버지는 빅터를 불쌍하게 여겼지만 편견의 희생물이었던 아이를 보호해주지 못했다. 다행히 그의 가능성을 믿었던 레이첼 선생님과 그의 천재성을 알아본 테일러 회장 덕에 빅터는 자신이 가야 했던 원래의 길로 돌아올 수 있었다. 누구는 빅터를 편견과 선입견으로 대했고, 누구는 가능성과 잠재성으로 대했다. 그런데 그 차이는 어마어마했다. 바보로 방치된 삶과 천재로 존중받는 삶이 바

로 그것이다.

처음 빅터를 바보라고 생각한 사람은 아버지였다. 빅터를 주위 사람들에게 바보라 소개한 사람도 아버지다. 빅터는 스스로를 당연히 그렇게 생각했고, 조금 더듬던 말도 더욱 심하게 더듬게 되었다. 주위의 놀림을 아버지는 당연하게 생각했고 빅터의 보호막이 되어주지 않았다. 출발은 거기서부터다. 아버지가 조금 달리 생각해서 바보라고 시달리는 빅터에게 "아니, 너는 바보가 아니야!"라고 응원해주었다면 많은 것이 달라졌을 테고, 주위 사람들도 빅터를 달리 대했을 것이 분명하다.

아이의 '자기신뢰감Self-Confidence'은 저절로 생겨나지 않는다. 아이는 스스로 내가 누구인지 자각하지 못한다. 이런 자각은 누군가가 부여하는 것이다. 그 처음에 부모가 있다. 말을 하기 시작할 무렵에는 어떤 아이든 천재처럼 보인다. 그런데 아이가 자라면서 다른 아이와 별다른 차이가 없어 보이기 시작한다. 더 나이를 먹으니 오히려 다른 아이만 못한 것 같다. 그러면 부모는 지레 포기한다. 아이에게 잔소리가 늘어가고 기를 죽이는 말을 입에 달고 산다. "내가 그럴 줄 알았다!" 부모가 먼저 나서서 아이에게 낙인을 찍어서는 안 된다. 부모에게 무시당하는 아이는 다른 이들에게도 무시당한다.

너무 뻔한 이야기지만 '존중'받는 아이로 키워야 한다. 자기신뢰감은 절대 아이 스스로 만들어내지 못한다. 반드시 다른 사람의 평가를 거친다. 아기 코끼리를 길들이는 첫 번째 단계는 짧은 쇠사슬을 다리에 묶고 그것을 기둥에 연결하는 일이다. 그후에 코끼리는 몇 톤이 넘는 거구로 자라나 쇠사슬을 풀어주어도 절대 기둥 언저리를 벗어나지 못한다.

부모는 아이가 자기 자신을 신뢰하고 존중하며 사랑하는 사람으로 성장하도록 도와주어야 한다. 스스로를 사랑하지 않는 아이를 다른 사람들이 알아서 사랑해주고 믿어줄 리 없다. 모든 신뢰와 존중과 사랑은 자기로부터 시작한다. 그 시작점에 부모가 있다. 부모의 든든한 신뢰와 존중과 사랑이 아이가 스스로 첫발을 떼게 만들어준다. 넘어지면 부모가 일으켜 세워줄 거라는 믿음에 아이는 일어나 서툰 걸음을 옮기고, 그러다 걷고 뛰어간다.

처음 자전거 타기를 배울 때, 부모가 자전거 뒤를 붙잡고 있다는 믿음이 아이가 페달을 힘차게 밟도록 만든다. 그리고 자기도 모르는 사이에 아이는 자전거를 타고 멀리 나아간다. 스스로를 믿지 못하던 아이는 뒤를 돌아보고는 깨닫는다. '아! 나도 할 수 있구나!' 아이는 그러면서 커간다. 부모의 믿음과 스스로의 믿음이 만나 부쩍부쩍 키가 크고 마음과 생각이 크는 것이다.

아이에게는 판검사가 아닌 의사나 산타가 필요하다

맞벌이 가정에서 벌어진 일을 상상해보자. 주인공은 엄마다. 그녀가 겪게 될 오늘 하루는 너무 힘들다.

야근으로 천근만근인 몸을 간신히 일으켜 아침을 준비한다. 어린이집에 보내야 할 아이를 부리나케 깨워 씻기고 의자에 앉혔다. 밤새 거래처 접대로 술을 마신 남편을 생각하면 콩나물국이라도 끓여야겠지만 여유가 없다. 계란을 프라이팬에 올리는데, 회사 후배에게서 전화가 왔다. 어제 야근까지 하며 가까스로 회사 인트라넷에 올려놓은 문서 가운데 하나가 잘 열리지 않는다며 볼멘소리다. 화가 치밀어 오르지만 차근차근 설명해준다. "이런!" 잠시 전화를 받는 사이에 계란이 연기를 내면서 타기 시작한다. 아이는 부연 연기와 안방에서 황급히 달려 나온 남편 목소리에 놀라 울기 시작한다. 아이는 울고, 남편은 "아침부터 계란은 왜 태우냐?"며 소리를 지른다.

이 이야기를 들은 엄마들에게 질문을 던지고 답을 받아보았다.

질문_ 이 이야기를 들으니 어떠세요?
  답_ 아침부터 전화한 멍청한 후배에게 욕을 한바탕해야겠죠.
     남편 얼굴에 계란을 던져버릴까 생각하지 않았을까요.
     그냥 울어버렸을지도 몰라요.

질문_ 계란을 왜 태우느냐는 남편의 말에는 어떤 심정이세요?
  답_ 남편을 죽여버리고 싶죠.
     화도 나지만 또 미안한 감정도 들었을 거예요.
     왜 결혼했을까 하는 생각.

질문_ 출근해서는 어땠을까요?
    답_ 그날 업무가 제대로 되었을 리가 없겠죠.
        하루 종일 그 생각만 하고 있었을 거예요.
        후배를 불러 꼬투리 잡고 그러지 않았을까 싶네요.

질문_ 만약 남편이 그 상황에서 당신을 위로하는 한마디를 건넸다면요?
    답_ 상황을 잘 수습할 수 있었겠죠.
        후배에 대한 감정도 누그러졌을 거예요.
        좀더 홀가분한 마음으로 출근할 수 있었을 거예요.

질문_ 반대로 남편이 "그럴 거면 회사 관둬!"라고 말했다면요?
    답_ 뻔히 그럴 형편도 아닌데 그런 소리를 하는 건 헤어지자는 말이나 마찬가지죠.
        그냥 화내고 마는 것보다 더 나빠요.
        "알았어!" 그러면서 회사 출근 안 할 거예요.

심심찮게 벌어지는 부모와 아이의 모습을 가정해보자.

아이가 학교에서 돌아와 선생님에 대한 불평을 늘어놓는다.
"선생님이 나만 미워하나봐! 숙제 안 해온 애들도 많은데 내게만 뭐라 그러는 거 있지!"

당신이라면 무슨 말을 할 것인가?

"선생님이 너 잘못되라고 그런 말씀하셨겠니?"

"선생님이 숙제 내준 게 무슨 문제야? 어제 숙제 안 하고 게임할 때부터 알아봤다!"

그러면 아이는 분명 화난 얼굴로 자기 방으로 들어갈 테고, 당신도 화가 나서 문 닫고 들어간 아이에게 이런저런 잔소리를 할 것이다. 저녁식사 시간이 되어 밥 먹으라는 여러 차례의 회유와 고함에도 아이는 방에 틀어박혀 나오지 않는다. 마침 퇴근한 남편은 왜 아이한테 그러냐며 아내를 탓할 것이다.

엄마 입장에서 보면 너무 억울하다. 말을 듣지 않는 아이가 밉고, 아무것도 모르는 남편은 야속하다. 그런데 아이 입장도 엄마와 다르지 않다. 아이는 자신이 잘못한 건 맞지만 억울하다. 그런 억울한 심정을 엄마는 알아줄 거라 믿었다. 하지만 돌아온 건 선생님에게 들었던 꾸중보다 더한 타박이었다.

아마도 이 이야기를 아이들에게 들려준다면, 아이들은 "그냥 울고 싶을 거예요" "저녁밥 절대로 안 먹을 거예요" "절대 엄마와 화해하지 않을 거예요" "내일 학교 가기 싫어질 거예요"라는 반응일 것이다. 그리고 엄마에게 서운한 소리를 들은 아이는 속으로 '괜히 말했구나!' '엄마에게는 이런 말을 하면 오히려 짜증 섞인 잔소리만 돌아오는구나!' 하고 생각할 것이다. 이런 일이 반복된 후로 엄마와 아이에게 벌어지는 상황은 다음과 같다.

아이가 뽀로통해서 집으로 돌아온다.

"왜 무슨 일 있었어?"

"엄마는 몰라도 돼!"

"무슨 일이냐니까?"

"아 글쎄 엄마는 몰라도 된다니까!!!" 아이는 자기 방으로 들어가며 방문을 쾅 닫는다.

"아니 쟤가 정말!!!"

아이는 감정적으로 엄마의 위로를 받고 싶다. 아이가 자기 잘못으로 선생님에게 야단맞은 일을 굳이 털어놓은 이유가 무엇이겠는가? 엄마에게도 야단맞을지 모르지만, 아이는 엄마의 지지를 받고 싶고 엄마에게 자기 마음을 호소하고 싶기 때문이다. 그런데 엄마에게서 돌아온 것은 야단과 꾸중뿐이다. 일반적으로 아이들은 극복하기 어려운 일이 있을 때 화를 내며 다른 사람을 비난한다. 그럴 때 대부분의 부모는 아이들에게 화를 내거나, 평가하거나, 뻔한 충고를 하거나, 나중에 가서 후회할 소리를 퍼붓는다. 그러면 정작 아이의 문제도 해결되지 않고, 오히려 부모와 아이의 관계만 악화될 따름이다. 결국 아이는 부모를 피하고 외면해버리는 상황으로 치닫는다.

판단보다 위로가 먼저다

감정을 이해받지 못한 아이와 감정을 살피기보다는 이성적 이해와 판단을 하려는 부모. 하지만 아이는 부모가 논리적이고 합리적으로 상황을 판단해주기를 원하지 않는다. 시시비비를 가려주기를 원하지 않는다. 화나고, 짜증나고, 억울하고, 슬픈 그 감정을 받아주고 이해해주기를 원하는 것이다. 상처받은 자신의 감정을 존중하고, 자신의 생각을 인정해주는 것이 아이가 원하는 바다. 당장은 자세한 자초지종이 중요하지 않다. 누가 잘못했고 누가 잘했는지가 중요한 것이 아니라, 그런 '감정의 위로'가 중요하다. 아이는 자신의 감정을 위로받기를 원할 따름이다. 자신이 잘못했을 지라도 그렇다. 모든 어른도 그러하고, 아이들은 더더욱 그러하다.

어떤 격한 감정에 사로잡혀 있을 때, 아이는 누구의 말도 들으려 하지 않는다. 달래거나 야단치거나 충고를 해도 통하지 않는다. 아이는 자기 마음속에서 무슨 일이 일어나고 있는지, 자기 기분이 어떤지를 부모가 이해해주기를 바란다. 더 나아가 자기 마음속에서 일어나는 일은 이해해주되 자기가 무엇을 경험했는지는 드러나지 않기를 바란다. 그 당시의 감정은 창피함과 부끄러움과 치욕스러움으로 점철되어 있기 때문이다. 그런데 부모는 당시 아이가 겪었을 그 감정을 되살리려 꼬치꼬치 캐묻는다. 그러니 아이는 부모에게 "됐어!"라는 말과 함께 회피를 선택하고 마는 것이다. 그러면서 아이와 부모는 서먹해지고, 아이는 더이상 부모에게 자신이 겪은 일들을 말하지 않는다.

아이들은 감정을 표출하는 데는 익숙하지만, 이를 절제하고 공유하는 데는 서투를 수밖에 없다. 결국 표출한 감정을 받아들이는 몫은 전전두엽 피질이 완성에 이른 부모일 수밖에 없다. 부모가 아이와 마찬가지로 감정 표출에만 익숙하다면 부모는 아이와 극한의 갈등을 피할 수 없다. 더 많은 것을 경험하고 아이보다 이성적 판단에 능한 부모가 상황에 보다 능동적으로 대처할 수 있어야 한다. 우리는 결혼해서 아이를 낳으면서 '화성 남자 금성 여자'에서 '화성 부모 금성 아이'로 변화했다.

부모는 아이에게 죄를 추궁하는 검사여서는 안 되며, 유무죄를 판결하는 판사여서도 안 된다. 아이의 아픈 이야기를 들어주는 의사, 감정을 털어놓고 고민을 말할 수 있는 정신과 의사여야 한다. 아이가 스스럼없이 꿈과 소망을 말할 수 있게 해주어야 한다. 설사 그 꿈을 들어주지 못한다 할지라도 아이 머리맡에 선물을 놓아주는 산타클로스 부모가 되자. 너무 뻔하지만 너무 어려운 일이다. 그래도 사랑하는 내 아이를 위해 노력해야 한다. 아이에게 판결을 내리지 말고 진단하고 치유와 보살핌을 주자. 아이의 죄를 추궁하고 잘못을 들추지 말고 함께 기원하고 함께 소망하는 동반자가 되자.

여기 정말 중요한 우리가 반드시 명심해야 할 사실이 있다. 우리는 의사나 산타클로스이기 이전에 '부모'라는 사실이다. 아이의 편에 서 있어야 하는 이유는 '우리가 아이의 부모'기 때문이다. 이 세상에 이보다 중요한 사실은 그 어디에도 없다. 자기편을 찾아 두리번거리는 아이가 내 아이가 되지 않도록 해야 한다. 바로 옆에 있으면서도 부모인 내가 자기편이 아니라 여긴다면 얼마나 안타까운 일인가? 아이에게 꼭 알려주자. "애야! 나는 그 누구도 아닌 바로 네 편이야!"

빈정거리고 조롱하고 비아냥거리지 않는다

2015년 한 입시업체가 고등학생 480명을 대상으로 부모님께 가장 듣고 싶은 말이 무엇인지 조사했다. 1위 좀 실수해도 괜찮아(32퍼센트), 2위 널 믿는다(20퍼센트), 3위 앞으로 잘될 거야(19퍼센트), 4위 사랑한다(13퍼센트), 5위 네가 제일 예뻐 혹은 멋있어(3퍼센트)로 나타났다. 이 설문조사를 보면 역으로 부모가 아이에게 어떤 말들을 하는지 알 수 있다. "너는 항상 왜 그 모양이니?" "내가 믿을 걸 믿어야지, 너를 어떻게 믿니!" "넌 정말 가망 없구나!" "이그, 웬수야!" "옆집 애 좀 봐라! 공부도 잘하지, 말도 어쩜 그리 예쁘게 하는지!"

갓난아기 때는 내 아이가 이 세상 누구보다 예뻤다. 자라면서는 말도 어쩜 그리 예쁘게 하고, 또 얼마나 똑똑한지 그 누구와 비교해도 최고였다. 아이가 말하고 행동하는 하나하나가 자랑거리였다. 그런데 언제부터인가 내 아이는 항상 모자라고 사고뭉치에 공부 못하는 아이가 되었다. 부모 입에서는 "잘한다"보다는 "공부나 해!" 또는 "학원 안 가니?"라는 말만 반복된다. 아이들은 긍정적인 말을 듣고 싶어 한다. 하지만 부모에게서는 비난하고 기를 죽이는 말이 튀어나온다. 칭찬과 격려보다는 비난과 질책의 말이 부모의 입에 달라붙은 것이다.

다시 고등학생들에게 물었다. "스트레스를 가장 많이 받을 때가 언제입니까?" 이 질문에 1위 부모님에게 일방적으로 잔소리를 들을 때(34퍼센트), 2위 부모님과 대화나 소통이 안 될 때(34퍼센트), 3위 다른 형제, 자매, 친구 등 누군가와 비교할 때(12퍼센트), 4위 다른 친구들의 환경이 더 좋다고 느낄 때(11퍼센트), 5위 사교육 등 공부를 무리하게 시킬 때(5퍼센트)라는 답변이 돌아왔다. 아이가 하는 말은 듣지 않은 채 부모는 꾸중을 하고 이래라저래라 지시한다. 부모의 생각대로 판결을 내리고, 부모가 생각하는 결론을 밀어붙인다는 것이 아이들의 답변에서 확인되었다. 1위, 2위를 보면 부모와 아이가 소통하고 공감하는 데 어려움을 겪고 있다는 것을 알 수 있다.

서로 대화가 되지 않는 가운데 부모가 저지르는 잘못된 행동이 바로 '비교'다. 부모의 일방적 잔소리에 넌더리가 난 아이에게 "누구는 어떻다더라!"라는 자존감을 짓이기는 말이 얹힌다. 마음도 통하지 않는 상황에서 부모가 아이에게 던지는 "누구 좀 봐라!"는 아이와 심리적 거리감을 더욱 벌어지게 만든다. 이런 상황에서 아이의 대답은 뻔하다. "옆집 애가 그렇게 좋으면 그 집 엄마하시든지!" "언니한테는 잘해주면서 왜 내게만 뭐라고 그래?"

자존심에 상처를 입은 아이는 이제 섭섭하게 구는 부모와 그렇지 않은 옆집을 비교한다. '쟤네 집은 평수도 크고 차도 좋은데, 우리 집은 이게 뭐야?' '저 집 애는 항상 비싼 물건만 가지고 다니는데, 난 싸구려뿐이잖아' 아이의 불만은 부모에 대한 불만을 넘어 이런저런 비교로 넘어가고, 낮아질 대로 낮아진 자존감은 속물적이라 할 수 있는 것들에 대한 열등감으로 이어진다. 그것이 4위로 답한 '다른 친구들의 환경이 더 좋다고 느낄 때'를 말한다. 부모가 아이들을 비교하듯 아이도 부모들을 비교한다. 부모가 비교하면 아이도 당연히 비교하기 마련이다.

마음이 상한 상태에서 반복되는 부모의 잔소리가 지겨울 것이다. 잔소리와 함께 이어지는 다른 이야기도 아이에게는 모두 자신을 괴롭히는 것이 되어버린다. 공부하고 학원 가는 것이 당연하지만, 아이는 부모가 자신을 괴롭히기 위해 그것들을 만든 것처럼 느낀다. 아이는 엇나가고 그런 아이에게 부모는 낙인을 찍는다. 앞에서 설명한 '낙인 효과'가 부모와 아이 사이에 모습을 드러낸다. 낙인 효과는 사회적 일탈 행동을 설명하는 이론이기도 하다. 부모의 낙인은 주위 사람들에게 전염되고 아이는 실제로 일탈 행동을 감행하는 지경에 이르기도 한다(물론 대부분의 아이는 그렇지 않다).

시인 정호승이 고등학교 3학년 학생의 어머니로부터 전해 들었다는 이야기를 소개한다. 학교에 갔다가 밤늦게 돌아온 딸아이가 가방을 내려놓자마자 엉엉 울었다. "성적 좀 안 오른다고 그렇게 울면 어떡하니" 하고 달랬더니 그게 아니었다. 딸은 그날 아침 교문에서 학교 로고가 새겨진 흰 양말을 신지 않았다고 학생부 선생님한테 야단을 맞았다는 것이다. 양말이 마르지 않아서 작년에 신던 학교 양말을 신고 왔다고 했다가 변명하지 말라며 더 야단을 맞았다. 학교는 작년까지 하얀 커버 양말을 신게 했으나 올해부터는 학교 로고가 새겨진 흰 양말을 신도록 규정을 바꾸었다. 밤늦게 세탁한 양말이 마르지 않아 작년 양말을 신게 해 딸에게 무척 미안하면서도 '빨간 양말을 신긴 것도 아닌데 선생님은 고3인 학생을 아침부터 그렇게 야단쳐야만 했을까?' 싶어 무척 속이 상했다고 한다. 그런데 딸의 담임이 아이들의 하소연을 다 들어주고 토닥여주었다고 한다. 그리고 다음 날 담임이 반 학생 모두에게 학교

로고가 새겨진 양말을 두 켤레씩 사서 가방 속에 넣어주었고, 딸아이는 그 양말을 아직까지 책상 위에 놓아두고 담임께 감사해하고 있다고 한다. 힘들고 지긋지긋한 고3 생활을 기억할 때, 그 학생은 로고가 새겨진 '하얀 양말'을 먼저 떠올릴 것이다.

정호승 시인도 마찬가지의 기억을 가지고 있다. 중2 때 국어 선생님을 만나 인생이 달라졌는데, 그가 시인으로 지금까지 살아오게 된 것은 숙제로 써 간 시를 선생님이 크게 칭찬해주었기 때문이다. 선생님이 "너는 앞으로 열심히 노력하면 좋은 시인이 될 수 있겠구나!"라면서 시인의 까까머리를 쓰다듬어주었다고 한다. 시를 처음 쓰는 중학생이 잘 쓰면 얼마나 잘 썼겠는가? 하지만 선생님은 '열심히 노력한다면'이라는 전제를 달고 아이를 마음껏 칭찬해주었다. 시인은 지금까지 그 말씀을 잊은 적이 없다고, 그리고 인생에서 가장 소중한 사람을 만나 "나는 행복하다"고 말한다.

아이를 무기력하게 만드는 방법

앞서 설문조사에서 보았듯, 대답을 한 아이들 가운데 무려 60퍼센트(1, 2위) 이상이 부모로부터 부정적인 이야기를 듣고 있었다. 대다수의 부모가 긍정적이고 힘이 나는 말보다는 아이의 기를 죽이고 힘을 빼는 소리를 자주 한다는 뜻이다. 또 아이들 가운데 상당수가 부모의 일방적인 요구와 비난에 시달린다. 가뜩이나 힘든 고등학교 생활 속에서 부모는 아이에게 든든한 지원자가 아니라 '방해물'로 인식되고 있는 것이다. 많은 부모가 "도대체 왜 그 모양이냐!"며 비난을 퍼붓고 "네까짓 게!"라며 비아냥댄다. 더 나아가 "네가 잘되면 내 손에 장을 지진다!"며 조롱하기까지 한다. 많은 아이가 감정적으로 부모에게 기대고 의지하지 못한다. 아니 하지 않으려 한다. 비난하고, 비아냥대고, 조롱하는 사람에게 그런 마음이 생기겠는가?

서울대 심리학과 곽금주 교수는 이렇게 말한다.

> 사람은 자신을 인정해주는 것에 매우 취약하다. 아첨을 하고 있다고 명백히 알려준 조건에서도 사람들은 자신을 호의적으로 평가하는 대상에게 마찬가지로 호의를 느끼고, 이후의 작업도 함께하길 원한다. … 상대를 인정하는 것, 그리고 상대에게 느끼는 호의를 표현하는 것은 부족해서 문제이지, 지나쳐서 해가 되는 일은 없다. … 상대가 듣고 싶은 말을 찾아내는 것은 어렵지 않다. 내가 듣고 싶은 말이 상대의 기운을 북돋우는 말이다.
>
> _《습관의 심리학》, 곽금주, 갤리온, 2007, 121쪽

비난을 받으며 자란 아이는 책임감을 배우지 못한다. 대신 자신을 탓하고 멸시하며, 다른 사람 흠잡는 법을 배우게 된다. 자신의 판단과 능력을 믿지 못하고, 다른 사람도 믿지 못한다. 앞으로 잘되리라는 기대보다 잘못될 거라는 무력감을 가지고 살아간다. 아이를 무기력한 사람으로 만드는 쉬운 방법은 비난하고 비아냥대는 것이다. "도대체 할 줄 아는 게 뭐야?" "네 주제에 이런 거 할 수나 있겠어?" "어쩌다 저런 게 나왔지?"

아이에게 "모자란다!"고 말하지 마라. 말처럼 된다. "네까짓 게 무

슨?"이라 말하지 마라. 진짜 아무것도 할 줄 모르는 아이가 되어버린다. 아이에게 빈정대지 마라. 조롱하지 마라. 함부로 비난하지 마라. 우리도 부모가 보여준 비아냥과 비난과 조롱에 좌절했다. 그런 부모와 싸우면서 감정에 깊은 상처를 입었다. 반드시 기억하자. 자기존중감 없고 자기신뢰감 없는 아이를 만들고 싶으면, 빈정대고 조롱하고 비아냥대라. 아이가 우리가 원하고 희망하는 그런 어른으로 자라나지 않기를 바란다면, 빈정대고 비난하고 조롱하고 비아냥대라. 아이는 반드시 그렇게 자라줄 것이다. 아이는 부정적으로 말하는 당신의 소원을 반드시 들어준다.

습관의 힘

교육이란
배운 것이 잊히고 난 뒤에 남아 있는 것이다.
_ 심리학자 B. F. 스키너

습관은 쉽게 생기지도 않고 쉽게 버릴 수도 없다

옛날 은은한 향기를 풍기는 참나무통을 가진 할아버지가 살았다. 할아버지는 매일 그 향기 나는 참나무통을 들고 샘터로 가 마실 물을 길어왔다. 참나무통의 물은 너무 시원하고 맛있어 이웃에 사는 동생까지 찾아와 그 물을 마시고 갔다. 그러던 어느 날 어릴 시절부터 사이좋게 지내던 친구가 찾아와 참나무통을 하루만 빌려달라며 애원했다. 할아버지는 귀한 참나무통을 빌려주기 싫었지만, 친구의 간곡한 부탁에 통을 빌려주고 말았다. 다음 날 친구가 참나무통을 되돌려주었고, 할아버지는 반가운 마음에 참나무통을 들고 샘터로 가 물을 길어왔다. 시원하고 달콤한 물을 기대하며 참나무통에서 물을 떠 마셨지만, 물에서는 시큼한 맛과 냄새가 진동했다. 샘터 물이 잘못되었나 싶어 샘터로 가 물맛을 보았지만, 물에는 전혀 문제가 없었다. 참나무통에 머리를 넣고 냄새를 맡아보았더니 시큼한 냄새는 다름 아닌 참나무통에서 나는 것이었다.

친구에게 물어본즉 친구는 참나무통에서 좋은 향기가 난다는 소문을 듣고 참나무통에 술을 빚어 하루 동안 묵혔다고 했다. 할아버지는 친구를 책망하고 집으로 돌아와 참나무통을 열심히 닦고 또 닦았다. 이제 좋은 냄새가 나려니 싶어 참나무통에 코를 대어보았지만, 시큼한 냄새는 전혀 가시지 않았다. 물맛도 예전과 같지 않았다. 할아버지는 크게 후회하며 참나무통을 닦았지만 한번 술 냄새가 밴 참나무통은 다시 예전처럼 돌아오지 않았다.

이솝우화에 전하는 이야기로 한번 들인 버릇은 고치기 어렵다는 교훈이 담겼다. 물론 영원히 고치지 못하는 버릇은 없다. 다만 잘못 들인 버릇을 고치는 일이 얼마나 어려운가를 상징적으로 보여준다. 특히 어린 시절에 익힌 습관과 버릇은 평생을 간다. 그런 습관과 버릇은 대부분 일상생활과 관련되어 있다. 옷을 입고, 음식을 먹고, 잠자리에 들고, 돈을 사용하는 등 자질구레하면서도 우리가 살아가는 데 필수인 습관들이다.

아이가 어른이 되어서도 보여주는 '올바름'이 여기 자질구레하고 평범한 일상에서 나온다. 좋은 사람, 훌륭한 사람이란 처음부터 '큰일'을 해 그리되는 것이 아니다. '작은 일' '보통의 일'을 슬기롭고 올바르게 꾸준히 행하다 보면 큰일로 이어진다. 세 살 버릇이 중요한 이유가 여기에 있다. 부모가 먹이고 입히고 재우는 그 과정이 아이의 미래를 좌우한다.

아이에게 좋은 습관을 선물하자

　　　　　미국 농구의 전설적인 선수 가운데 보스턴 셀틱스 소속의 래리 버드Larry Bird라는 선수가 있다. 그는 흑인 선수들이 주도하는 농구 코트에서 드물게 빛을 발하던 백인 선수였다. 전성기 시절 래리는 음료수 회사와 고액의 광고 계약을 체결하고 텔레비전 광고를 촬영하게 되었다. 광고 시나리오는 '래리가 공을 던졌는데 들어가지 않다가 이 회사의 음료수를 마시고 난 다음 (활짝 웃으며) 공을 던지자 슛이 들어간다'는 내용이었다.

　촬영이 시작되어 래리가 첫 번째 공을 던졌고 공은 정확하게 골대로 빨려 들어갔다. 물론 래리는 그렇게 의도한 게 아니었다. 두 번째 공을 던졌지만 또다시 골인. 이렇게 해서 아홉 번의 슛이 모두 골인이 되었고, 마침내 열 번째에 이르러서야 골대를 피해 옆으로 공을 던지는 데 성공했다. 래리 버드의 이 일화는 자기계발 분야에서 자주 언급되는 단골 메뉴다. 오랫동안 갈고닦은 능력은 쉽게 줄어들지 않으며, 래리 버드의 경우처럼 일부러 다르게 하려고 해도 안 된다는 것이다. 따라서 지속적인 노력과 연습이 성공의 지름길이라는 이야기다.

농구를 해본 사람이라면 알 것이다. 공을 잘 넣을 수 있는 능력을 가졌다면 당연히 넣지 않는 것도 쉬운 일이다. 작은 림 안에 공 넣는 것을 꾸준히 연습한 선수가 다른 곳으로 공이 향하도록 만드는 것은 어렵지 않다. 따라서 아마도 래리 버드의 일화는 상당 부분 각색된 게 아닌가 싶다. 그럼에도 이 일화에서 주목할 것은 '타성'처럼 굳어진 습관이 가진 힘이다. 농구 선수가 골대에 정확히 골이 향하도록 하는 탁월한 능력, 뛰어난 농구 선수는 그것을 위해 최선을 다해 끊임없이 노력한다. 그런데 최선을 다하고 노력을 하는 것도 '습관'이 들어야 한다. 최선을 다하겠다는 마음가짐과 노력하겠다는 결심도 중요하지만, 마음먹고 결심한다고 해서 결과를 얻을 수는 없다. 매순간 매일매일 지속적으로 쌓아올려야 한다. 그렇게 지속적으로 쌓는 것, 그것이 바로 습관이다.

습관과 관련된 모차르트의 일화가 있다. 모차르트는 우연한 기회에 만난 아름다운 여성 콘스탄체를 좋아하게 되었다. 모차르트의 아버지는 아들이 콘스탄체와 사귀는 것을 싫어했지만, 모차르트는 자신을 천재 음악가로 키워준 아버지의 강력한 반대를 무릅쓰고 콘스탄체와 결혼한다. 모차르트는 생활 감각이 무뎠다. 그는 어려서부터 귀한 대접을 받고 화려한 삶을 살았기에 씀씀이가 헤펐고 재정 관리가 엉망이었다. 그런데 아내로 맞이한 콘스탄체는 그 정도가 더 심했다. 그래서 아버지가 둘의 결혼을 반대한 것이다.

모차르트는 모든 일이 잘 풀릴 것이라 생각하고 빈에 정착했지만, 그는 황제로부터 아무런 직책도 받지 못했다. 그러자 어쩔 수 없이 학생들을 모아 교습으로 생계를 유지하기로 하고 교습소를 차려 수강생을 받았다. 수강생과 면접 후 수강료를 결정했는데 음악을 처음 배우는 사람에게는 50실링, 음악을 5년간 배운 사람에게는 100실링을 받았다. 이에 5년을 배운 사람이 발끈하며 물었다. "음악의 '음' 자도 모르는 사람한테는 50실링을 받으면서 제게는 왜 100실링이나 받습니까? 오히려 깎아줘야 하는 것 아닙니까?" 그러자 모차르트가 답한다. "당신은 그동안 잘못 배운 것을 지워야 합니다. 아무것도 모르는 사람을 가르치는 것보다 잘못 배운 당신을 가르치는 것이 더 힘듭니다."

좋은 습관을 들여야 하는 이유는 분명하다. 좋은 습관은 사람을 건강하고 바르게 만들지만, 나쁜 습관은 그 반대다. 그리고 한번 잘못 밴 습관은 바꾸기 어렵다. 모차르트의 일화는 습관이 가진 두 가지 상반된 측면을 보여준다. 좋은 음악을 위해서 좋은 습관을 들여야 한다던 모차르트지만, 정작 자신은 어릴 적부터 굳어진 낭비벽을 버리지 못했다.

좋은 습관 또는 바른 습관과 대비해 나쁜 습관을 '중독'이라 일컫는다. 좋은 습관은 대부분 의도적인 노력이 수반되어야 한다. 바른 습관을 들이기는 쉽지 않고 힘과 정성이 많이 든다. 반대로 중독은 몸과 정신이 나태한 가운데 생겨난다. 몸도 편하고, 입맛에도 맞는다. 애를 쓰지 않아도 되고 정성을 들일 필요도 없다. 모차르트를 죽음으로까지 몰고 간 과소비 습관이 그런 것이다. 모차르트의 아버지는 음악에서는 아들에게 좋은 습관이 들도록 만들었지만, 생활에서는 낭비벽이라는 나쁜 습관이 드는 것을 방치했다.

다들 습관이 마음을 다잡는 일이라 생각한다. 하지만 아니다. 먼저 몸을 다잡아야 한다. 담배를 끊기 어렵고 술을 끊기 어려운 이유가 있다. 마음은 갈대와 같다. 우리를 너무 잘 속인다. 습관을 들이기도 끊기도 어려운 이유는 단조롭고 지루한 과정에 '몸'을 던져야 해서다. 담배 피우기, 술 마시기는 몸이 하는 일이다. 담배 끊기와 술 끊기는 몸의 중독을 끊어내는 일이다. 갈대와 같은 마음을 다독여서는 몸의 중독을 쉽게 끊을 수 없다.

곽금주 교수는 아주 강한 어조로 습관의 중요성을 강조한다.

> 변화의 욕구는 외부적인 조건에서 비롯될 수도 있지만, 결국 그 변화를 만드는 것은 온전히 자신의 몫이다. 변화란 안에서만 열 수 있는 문이다. 지긋지긋한 습관과 싸워 이기지 않고서는, 어떠한 변화도 기대할 수 없다. 어리석은 습관과 싸워 이기지 않고서는, 우리를 앞서가는 사람들을 따라잡을 수 없다. 똑똑하고 현명한 습관을 만들지 않고서는, 행복도 성공도 움켜잡을 수 없다. 생애 가장 위대한 혁신은 바로 습관과 싸워 이기는 것이다.
>
> _《습관의 심리학》, 곽금주, 갤리온, 2007, 6-7쪽

명상이나 요가 역시 몸을 챙김으로써 마음을 챙기는 일이다. 움찔거리는 몸의 움직임을 제어하고 흘러내리는 땀의 기운을 통해 마음을 다잡는 것이 명상이요, 요가다. 마음은 몸을 통해 바로잡힌다. 좋은 습관은 자신을 사랑하는 일이다. 부모로서 아이에게 분명하게 알려주자. 좋은 습관은 좋은 나를 만드는 일이며, 이 또한 아이에게 가르쳐

주어야 한다. 하지만 나를 사랑하는 일임에도 좋은 습관을 들이는 것은 매우 힘들다.

아이는 성장의 열매를 맛볼 수 있어야 한다. 자기신뢰감과 자기존중감은 이 열매를 얻는 과정에서 생겨난다. 아이에게 좋은 습관을 들이고 그 습관을 통해 난관을 극복하고 어려움을 돌파하는 힘이 길러질 때, 자기에 대한 확신이 생겨나기 마련이다. 누군가 말했다. "세상에 나쁜 사람은 없다. 나쁜 습관이 있을 뿐이다." 나쁜 습관이 쌓이면 어느 순간 아이는 나쁜 사람이 된다. 아이에게 좋은 습관을 선물하자. 우리 아이가 좋은 사람으로 존중받을 수 있도록 만들어야 한다.

경제관념을 심어주자

로버트 기요사키가 쓴 《부자 아빠 가난한 아빠》가 세상에 나온 날 수많은 가난한 아빠들은 가슴이 덜컥 내려앉았다. 부자 아빠가 아니어서 아이들에게 미안한 마음이 들었기 때문이다. 그리고 가난한 아빠들은 책을 읽어보았으나 불행히도 아무런 변화가 없었다고 전해진다. 다만 이 책 덕에 원래 부자였던 로버트 기요사키만 더 엄청난 부자 아빠가 되었고, 이 책을 산 가난한 아빠들은 책값만큼 가난해졌다. 제목은 가난한 아빠들을 위한 책처럼 보이지만, 가난한 아빠들의 자존심만 상하게 했을 따름이고, 또 부자 아빠로 만들어주는 특별한 비법도 나오지 않는다. 물론 로버트 기요사키 입장에서는 분명 가르쳐주었다고 말할 수 있다.

이 책의 부제는 이렇다. "돈에 대해 빈곤층과 중산층에서는 가르치지 않지만, 부유층에서는 자기 아이들에게 가르치는 것들What the Rich Teach Their Kids About Money—That the Poor and Middle Class Do Not!" 이는 실상 가난한 아빠가 부자 아빠가 되는 비법을 알려주는 책이 아니다. 엄밀히 말해서 투자 지침서이자 자산 운용의 노하우를 알려주는 책이다. 부자들이 어떻게 부자가 될 수 있었는지 '설명'하는 책으로, 물론 적정한 규모의 자산을 가진 이들에게는 유용한 투자 지침서일지 모르지만, 하루하루 힘겹게 살아가는 가난한 아빠는 크게 도움을 얻을 게 없다.

그런데 여기서 몇 가지 주목할 내용이 있다. 책은 비록 가난한 부모라도 아이는 경제적으로 좀더 윤택하게 살아가도록 만들어줄 수 있다는 것을 보여준다. 저자는 자신에게 두 명의 아빠가 있다고 말한다. 좋은 교육을 받고 박사학위를 받았지만 가난한 아빠와 중학교만 졸업했으나 부자인 아빠. 가난한 아빠와 부자 아빠의 시각은 분명하게 다르다. 가난한 아빠는 "돈을 사랑하는 것은 모든 악의 근원이다"라고 말하고, 부자 아빠는 "돈이 부족하다는 것은 모든 악의 근원이다"라고 한다. 가난한 아빠는 "그거 살 돈이 없다"고 말하고, 부자 아빠는 "내가 어떻게 하면 그런 걸 살 수 있을까?"를 생각하라고 한다. 여기서 가난한 아빠는 로버트 기요사키의 친아버지고, 부자 아빠는 초등학교 때 가장 친한 친구의 아버지다.

물론 부자로 사는 삶이 올바른 삶을 사는 것은 아니다. 하지만 풍족한 삶은 바람직한 삶일 수 있다. 현실적으로 말하면 그렇다. 경제적인 문제로 부부가 헤어지고, 가족의 불화가 극심해지는 것을 자주 본다. 그런 점에서 부모는 아이에게 돈과 관련된 것을 알려주어야 할 책임과 의무가 있다. 올바른 삶도 그리고 물질적으로 부족하지 않은 삶도 가르쳐주어야 한다. 마음을 낭비하지 않는 삶도 그리고 물질을 허투로 낭비하지 않는 방법도 알려주어야 한다.

《부자 아빠 가난한 아빠》가 아빠들을 위한 책이었다면, 아이들을 위한 책도 있다. 독일 작가 보도 섀퍼가 쓴 《열두 살에 부자가 된 키라》다. 내용 가운데 하나는 키라의 이웃에 사는 트룸프 할머니 집에 도둑이 들면서 시작한다. 트룸프 할머니는 많은 돈과 보석을 가지고 있었는데, 할머니가 집에 없는 동안에 도둑이 침입한다. 하지만 키라와 동네 아이들의 기지로 도둑을 잡을 수 있었고, 트룸프 할머니는 고마움의 표시로 아이들을 집으로 초대한다.

"그렇다면 왜 도둑들은 남의 물건을 훔치려 하죠?"
트룸프 할머니는 잠깐 생각하다가 다시 말씀하셨다.
"돈이 많아지면 상황을 바꿀 수 있다고 생각하기 때문이겠지. 돈이 자신들을 행복하게 해 줄 수 있다고 믿는 거야."
"그건 우리 부모님도 마찬가지예요. 돈 걱정만 없다면 정말 괜찮은 인생을 살 수 있다고 확신하시는걸요."
"그렇다면 네 부모님도 대부분의 사람들처럼 잘못된 생각을 하시는 것 같구나. 행복하고 여유 있게 살고 싶은 사람은 자신을 변화시켜야만 해. 돈은 사람을 변화시키는 데 아무런 도움이 안 된단다. 돈은 사람을 행복하게도 불행하게도 만들지 않아. 돈 자체는 중립적인 것이라 나쁜 것도 좋은 것도 아니거든. 단 누군가의 손에 들어가는 순간부터 좋은 의미를 지니기도 하고 또 나쁜 의미를 지니기도 한단다. 돈이 좋은 목적으로, 또 나쁜 목적으로 사용되는 것은 바로 이때부터야. 행복한 사람은 돈이 있음으로 해서 더 행복해지고, 걱정만 하는 부정적인 사람은 돈이 많아질수록 걱정도 많아지는 거지."

"엄마는 돈이 사람의 성격을 변화시킨다고 말씀하시던데……."

내가 돈에 대해 다른 의견을 말하자 할머니는 다시 말씀을 계속하셨다.

"돈이 성격을 보여 주기는 하지. 돈이란 확대경 같은 것이란다. 네가 좋은 사람이라면 돈을 가지고 좋은 일들을 할 것이고, 또 만일 도둑이라면 어리석은 일로 다 낭비할 테니까."

_ 《열두 살에 부자가 된 키라》, 보도 섀퍼/김준광, 을파소, 2016, 158-160쪽

트룸프 할머니는 이어서 이런 말을 덧붙인다.

"돈이란 우리네 인생에서 아주 많은 도움을 줄 수 있는 큰 능력을 가지고 있단다. 어느 정도까지는 우리 삶의 수준을 높여 주기도 하고, 삶의 다른 부분들을 도와주기도 하지. 또 우리의 목표와 꿈들을 쉽게 이루어 줄 수도 있고. 물론 좋은 목적뿐 아니라 나쁜 목적을 이루어 주기도 하지만 말이다."

_ 앞의 책, 160쪽

이 대화에서 우리가 주목해야 할 것은 트룸프 할머니의 말이다. 절대적으로 맞는 말은 아니지만, 상당 부분 옳다. 우리가 현재를 살아가면서 항상 느끼는 것이지 않은가? 트룸프 할머니가 아이들에게 말하는 바는 돈을 많이 벌어야 한다는 것이 아니다. 우리 삶에서 돈이 갖는 가치에 관한 이야기다. 우리 삶을 불편하게 만드는 것이 돈이라면 관심을 가져야 한다. 내가 꿈꾸는 소망을 이루는 데 돈이 상당 부분 기여한다면 관심을 기울여야 한다.

우리는 짐짓 아이들이 돈에 관해 몰라야 한다고 하지만, 실제로는 그렇지 않다. 앞서 좋은 습관을 들여야 한다고 했던 것과 같은 맥락으로 돈 씀씀이와 경제관념 또한 습관의 중요한 요소다. 그리고 어릴 때부터 가르쳐야 할 핵심적 가치다. 우리는 돈이 나쁜 것처럼 배워왔지만, 우리를 둘러싼 현실은 대부분 돈과 연결되어 있다. 트룸프 할머니의 말처럼 돈은 중립적이다. 좋을 수도, 나쁠 수도 있다. 돈을 쓰는 사람의 가치관과 태도가 중립적인 돈을 좋게도 나쁘게도 만든다. 이것이 바로 아이들에게 가르쳐야 할 부분이다. 돈이 우리에게 좋게 작용할 수 있게 하려면 어떻게 해야 할지를 아이들에게 알려주어야 한다. 반대로 돈이 우리에게 나쁜 영향을 끼치는 까닭에 대해서도 가르쳐주자.

키라는 돈을 저축하며 알게 된 은행 아줌마를 통해 돈의 가치에 대해 듣는다.

"키라야, 이거 아니? 나는 은행에서 일을 하기 때문에 많은 사람들이 돈을 어떻게 다루는지 알 수 있단다. 많은 사람들이 내게 속을 털어 놓곤 하지. 넌 모를 거야. 돈에 대해 제대로 배우지 않으면 얼마나 많은 걱정과 고통이 생겨나는지 말이야. 물론 돈이 인생의 전부는 아니지만, 실제로 궁지에 몰리게 되면 돈이 얼마나 중요한지 모른단다. 그 때문에 다른 일들도 전부 고통스럽게 변하지. 돈은 그만큼 중요한 거야. 하지만 살아 가면서 돈이 얼마나 힘이 되고 필요한지를 가르쳐 주는 사람은 아무도 없잖니? 어렸을 때부터 학교에서 돈과 관련된 공부를 가르친다면 좋을 것 같은데……."

_ 앞의 책, 165-166쪽

  우리는 아이에게 돈이 어떤 것이라는 것을 구체적으로 말해주지 않는다. 돈과 연관된 일은 모두 부모의 몫이고 부모가 알아서 해주어야 한다고 믿는다. 그리고 아이 앞에서 절대 꺼내면 안 되는 것이 돈 이야기라고 생각한다.

  아이를 위해 피해야 할 이야기들이 분명히 있다. 해서는 안 될 말, 적나라한 진실보다는 가공된 진실을 알려주어야 할 때도 있다. 하지만 우리를 둘러싼 현실 속 경제문제, 돈과 돈의 사용에 대해 아이도 어린 시절부터 배워야 한다. 돈의 중립성과 돈을 낭비하지 않고 나중의 필요를 위해 어떻게 관리해야 하는지 알아야 한다. 올바른 삶을 살기 위해, 좀더 풍요로운 삶을 위해, 근심과 걱정보다 정신적 만족을 위해 돈이 어떻게 쓰여야 하는지를 알려주자. 이를 위해 아이에게 주기적으로 용돈을 주고, 스스로 관리하고 사용하는 법을 가르치자. 아이가 스스로의 권한과 책임을 느끼고, 자기주도적 삶의 의미를 깨달을 수 있도록 말이다.

그런 측면에서 용돈은 아이가 돈과 관련된 생각을 키우는 데 효과적인 도구다. 용돈은 보상이나 대가가 아니라 의미 있는 경험을 쌓고, 돈 쓰는 행위에 책임을 지도록 하는 교육적 목적을 가진다. 부모와 아이가 동의하는 용돈 사용의 원칙을 만들고 이를 지키려 노력해야 한다. 용돈을 통해 경제관념, 즉 돈 쓰는 습관과 계획성, 규모 있는 생활, 인내와 절제 등을 길러주는 계기로 삼아야 한다. 단, 용돈이 아이를 위협하고 압력을 행사하고 좌절시키는 매개가 되지 않도록 하자. 돈을 아이의 성적을 올리는 등에 대한 대가로 회유하려 해서는 안 된다. 이는 돈을 악용하는 아주 나쁜 사례다. 이런 방법은 아이에게 용돈을 주지 않는 것만 못한 결과로 이어지고, 아이에게 돈을 나쁘게 사용하는 방법을 부모가 나서서 가르치는 일이다.

아이가 관리할 수 있는 범위를 넘어선 돈은 아이에게 흉기가 될 수 있다. 돈을 마음대로 자유롭게 함부로 많이 쓸 수 있는 아이가 더 행복하지는 않다. 용돈을 통해 돈이 자기를 지배할 수 없다는 것을 배울 수 있도록 해야 한다. 돈 자체가 우리를 풍요롭게 만드는 것이 아니라 돈을 잘 쓸 수 있어야 풍요로워진다는 사실을 아이에게 가르치자. 돈을 잘 사용함으로써 생기는 가치들이 나를 풍요롭고 바람직하게 이끈다는 것을 아이에게 알려주자. 돈의 양보다는 질이 삶을 윤택하고 의미 있게 만드는데, 돈의 질은 사용하는 방법과 사용하는 사람의 마음과 태도로 결정된다. 이 모든 것을 아이가 분명하게 깨닫도록 인도해 주어야 한다.

3부

사랑 – 신뢰 – 성장

부모도 아이와 함께 성장한다

> 나무에 가위질을 하는 것은 그 나무를 사랑하기 때문이다.
> 부모에게 야단을 맞지 않고 자란 아이는 똑똑한 사람이 될 수 없다.
> 겨울의 추위가 심할수록 오는 봄의 나뭇잎은 한층 푸르다.
> 사람은 역경에 단련되지 않고서는 큰 인물이 될 수 없다.
> _ 정치가 벤저민 프랭클린

공부하라 그리고 실천하라

한 젊은이가 남의 집에 몰래 들어갔다. 젊은이는 집 안에 있는 갖가지 물건을 자루에 담아 나오다 마침 근처를 순찰하던 병사들에게 들키고, 붙잡힌 젊은이는 옥에 갇히고 말았다. 어머니가 달려와 눈물을 흘리며 젊은이를 책망한다. 그런데 아들의 입에서 의외의 말이 튀어나왔다. "다 어머니 때문이에요!" 사연은 이랬다. 늘그막에 낳은 아이가 어머니에게는 너무 예쁘고 귀했다. 아이가 울면서 보채면 무엇이든 들어주었다. 과자도 주고 돈도 주었다. 아이는 자기가 하고 싶은 대로 마음껏 할 수 있었다.

언제인가부터 아들은 장롱을 열고 어머니의 돈을 몰래 가져갔다. 어머니는 이를 알면서도 가만히 있었다. 얼마 후에는 몰래 훔치던 돈을 어머니 면전에서 대놓고 가져가기 시작했다. 그래도 어머니는 가만히 있었다. 귀한 아들이 짜증을 내고 대드는 것이 싫었던 것이다. 아들은 밖에 나가 자주 집에 들어오지 않았다. 근사한 반지와 목걸이를 하고 나타난 적도 있었다. 그럼에도 어머니는 그것이 어디서 났는지 묻지 않았다. 물론 아들이 남의 집에 들어가 훔친 물건들이었다. "제가 돈을 훔치고 가져갔을 때, 왜 어머니는 그러지 말라고 말씀하지 않으셨어요?" 아들은 원망 섞인 눈으로 어머니를 노려보았다. "난 네가 좋아하는 것이라면 뭐든지 해주고 싶었단다. 그래서 하고 싶은 대로 해주면 네가 잘될 거라 믿었어. 네가 이렇게 죄를 저지르고 옥에 갇히게 될 줄은 꿈에도 몰랐다." 어머니는 깊은 한숨을 쉬며 끝없이 눈물을 흘렸다. 그후 어머니는 아들을 위해 지극정성으로 옥바라지를 했다.

옥살이를 하고 풀려난 아들은 어떻게 되었을까? 또 어머니는? 당신이 생각한 대로다. 여전히 아들은 죄를 짓다 붙잡혀 옥에 갇혔고, 힘든 옥바라지는 어머니 몫이었다.

어머니가 한 말을 자세히 살펴보자. "하고 싶은 대로 해주면 잘될 거라 믿었다" "이렇게 될 줄은 꿈에도 몰랐다", 이 문장이 아이 키우기가 힘든 까닭을 잘 말해준다. 아이가 하고 싶은 대로 해주면 아이는 잘 자랄 수 있을까? 물론 잘될 수도 또는 그렇지 않을 수도 있다. 이야기 속 아들은 잘 안 되었다. 좋은 짓이든 나쁜 짓이든 아들은 하고 싶은 대로 했다. 어머니는 나쁜 짓을 하지 못하도록 말렸어야 했다. 나쁜 짓을 하지 못하게 해도 아이가 잘될지 아닐지 누구도 알 수 없다. 착하고 좋은 일을 많이 해도 운이 나쁘면 일이 잘못되는 경우도 숱하게 많다.

하지만 그나마 나쁜 짓을 하지 못하게 막고 올바른 일을 부지런하게 열심히 해야 잘될 확률이 높다. 아이가 가진 재능과 가능성을 보고 판단해야 한다. 재능이 부족한데도 아이가 우기고 떼를 쓰면 들어주어야 할까? 뻔히 잘못된 길로 가는 것이 보이는데도 아이가 원하는 것이니 해주어야 할까? 물론 기회를 줄 필요는 있다. 그러나 기회를 준다는 것과 마음대로 하게 한다는 것은 다르다. 부모는 이를 잘 파악해야 한다. 왜 안 되는지, 왜 하지 말아야 하는지를 아이에게 잘 설명해주고 이해시키고 깨닫도록 인도하자.

이야기 속 어머니는 아들이 잘못될 줄은 꿈에도 몰랐다. 말하자면 아이를 어떻게 키우는 것이 맞는지 몰랐던 것이다. 꿈에도 몰랐던 것이 아니라 현실을 몰랐고, 아이를 이해시키고 깨닫게 하는 방법을 몰랐다. 그저 아이가 원하는 대로, 하자는 대로 하면 다 잘될 거라 믿었다. 부모 노릇을 하기 어려운 지점이 바로 여기다. 아이가 하겠다고 우기는 것을 허락해주기는 쉽다. 하지만 안 된다고 거부하는 것은 어렵다. 왜냐하면 안 되는 이유를 설명해야 하고, 왜 그렇게 생각하는지 이해시켜야 하며, 아이가 받아들일 수 있도록 설득해야 하기 때문이다.

알겠지만 윽박지른다고 모든 것이 해결되지는 않는다. 잠시 동안의 성공이 있을 수 있지만, 강요와 억압이 반복되면 아이에게 내성이 생기고 만다. 아이는 부모 몰래 숨어서 하게 되고, 들키고 나서는 부모와 갈등을 빚는다. 그러므로 아이를 설득하고 이해시켜야 한다. 아이와 소통하고 공감해야 한다. 그래야 아이는 제대로 된 것을 배우고, 제대로 된 행동을 할 수 있다. 그러자면 부모는 설득의 방법, 이해시키는 방법, 소통과 공감의 방법을 '알아야' 한다.

아이만 공부하는 것이 아니다. 부모도 공부해야 한다. 아이가 제시하는 논리에 맞서고, 아이가 드러내는 감정에 대처할 수 있어야 한다. 아이가 걸어오는 거래에 넘어가서는 안 된다. 아이의 논리가 타당한지 판단하고 아이가 가진 감정의 뿌리가 무엇인지 헤아릴 수 있어야 한다. 아이가 학업에 열중하는 만큼 부모도 '인생 공부'를 열심히 해서 아이가 성장하는 만큼 부모도 성장해야 한다. 아이가 머리를 키우는 공부를 한다면, 부모는 '마음을 키우는 공부'를 해야 한다.

아이의 성장은 곧 부모의 성장이다. 10장에서 말했듯 아이는 부모의 뒷모습을 보며 배운다. 부모가 큰사람이면 아이도 큰사람이 될 가능성이 높다. 부모가 작아지면 아이도 '반드시' 작아진다. 아이는 부모의 바람직한 면보다 바람직하지 않은 면을 보며 자라고, 그런 측면을 굳이 배우려 든다. 따라서 부모는 공부만으로 끝나는 것이 아니라 공부가 평소의 행동으로 이어져야 한다. 아이는 부모의 말에 감동받는 게 아니라 부모의 태도와 행동에 감동받는다. 우리도 남의 말이 아니라 행동과 태도에 신뢰를 보내는 것처럼 말이다.

아이에게 비친 부모의 모습 가다듬기

어떤 사람(훌륭한 사람)이 되기를 바란다면 어떤 사람(나쁜 사람)이 되지 말아야 한다고 가르쳐주자. 우리가 바라는 좋은 것은 안 좋은 것을 하지 않는 데서 나온다. 바로 거기가 출발점이다. 안 좋은 것을 하지 않기는 어렵다. 안 좋은 것은 대부분 몸도 마음도 편해지는 일이다. 말로는 하기 쉽지만 실천하기 어려운 일이다. 담배를 끊는 일, 과식하지 않고 매일 운동하는 일, 텔레비전과 핸드폰에 빠지지 않는 일, 아이에게 과하게 잔소리하지 않는 일, 또한 함부로 화내지 않는 일 등등. "하지 마!"라고 말만 해서는 안 되고, 부모가 몸소 실천해 보여주어야 하는 일이기에 어렵다.

부모는 아이 때문에 배워야 하고 아이를 통해 배워야 한다. 아이라는 거울에 비친 내 모습을 가다듬고 또 가다듬자. 내 아이가 올바르게 커나가기를 바란다면 그렇게 해야 한다. 아이에게만 "이렇게 저렇게 해라" 하고 말만 해서는 소용없다. 말만 하고, 잔소리만 하고, 악만 쓰는 부모를 아이는 절대 존경하지 않는다. 아이는 말한다. "아빠는 왜 그러는데?" "엄마도 그렇게 하잖아!" 이런 말을 하는 아이의 마음속에 들어 있는 부모의 모습은 말하지 않아도 뻔하다. 부모에게 이렇게 말하고 싶은 것이다. '자기도 안 하면서 왜 나한테만 이래라저래라 하는 거야?'

한번 생각해보자. 부모가 아이에게 내세울 것이 단지 오래 살았다는 것뿐이라면 어떻게 할 것인가? 부모인 내가 아이를 낳아준 생물학적 조상에 불과하다면 어떻게 할 것인가? 부모라는 이름이 아이라는 이름보다 더 지혜롭다는 증거는 아니다. 오래 살았다는 이름표가 지혜의 훈장은 아니다. 스스로 알아서 공부하는 아이를 보면 기특하다.

자기가 말한 대로 행동하는 아이는 너무 예쁘다.

아이도 마찬가지다. 인생 공부로 다져진 부모의 행동을 아이는 존중한다. 약속을 지키고 솔선수범하는 부모를 아이는 반드시 따르게 되어 있다. 자신을 비추는 부모라는 거울 앞에서 아이는 옷매무새를 가다듬는다. 그런데 아이는 거울을 보며 이렇게 말한다. "나는 왜 이렇게 못생겼을까?" 당신은 백설공주의 계모가 사용하던 거울이다. 진실을 말해야 하는 거울이다. 아이가 왜 이렇게 못생겼느냐며 자책할 때, 거울인 우리는 무어라 답해줄 것인가? 거울의 문제라 말할 것인가, 아이의 문제라 말할 것인가? 그 답은 부모인 우리가 잘 알고 있을 것이다.

아이가 경험하고 깨닫고 실천할 수 있도록 돕자

일본 전체가 싸움터로 변했던 시기가 있었다. 이름하여 전국시대戰國時代, 1467-1573다. 1467년부터 시작된 전란戰亂이 100년 넘게 지속되었고, 사람들의 고통은 이루 말할 수 없었다. 이런 전쟁의 참화를 끝내고 통일의 업적을 이룬 사람이 도쿠가와 이에야스德川家康다. 도쿠가와는 통일의 대업을 이루고 1603년 에도막부를 연 인물로, 그의 어린 시절은 언제 죽을지 모르는 인질 생활의 연속이었다.

아버지는 도쿠가와 이에야스가 세 살이던 해에 아내와 이혼했다. 하지만 처가의 원조를 얻기 위해 아버지는 여섯 살 난 아들을 그 집에 인질로 보낸다. 그런데 인질로 가던 도중 당시 어머니 쪽 가문과 적대 관계였던 오다 노부히데에게 붙잡혀 그 가문의 인질이 되는 기구한 운명을 맞는다. 그리고 2년 뒤 도쿠가와는 다시 아버지 품으로 돌아오지만, 얼마 지나지 않아 스루가의 이마가와 요시모토에게 다시 인질로 잡혀간다.

그리고 인질로 있는 동안과 그 이후로 도쿠가와는 여러 번 이름을 바꿔야 했다. 1556년 요시모토의 '모토'를 따서 마쓰다이라 모토노부라 바꾸고, 다음해에는 마쓰다이라 모토야스가 된다. 1560년 이마가와 요시모토가 몰락해 오다 노부나가織田信長 가문에 의탁하고서는 이름을 마쓰다이라 이에야스로 고친다. 마쓰다이라라는 성을 자신이 원하는 도쿠가와로 바꾼 것은 그나마 자신의 힘이 커진 1566년의 일이다.

도쿠가와 이에야스는 인질로 잡혀가 원하지 않는 이름까지 얻어야 했고, 생모를 가까이 둘 수 없었으며, 아버지와의 인연도 끊겼다. 그런 가운데서 그는 자신이 겪은 온갖 경험을 거치며 무럭무럭 성장했다. 도쿠가와 이에야스가 이마가와 요시모토에게 인질로 잡혀갔을 때의 일이다. 이마가와는 인질로 잡아온 도쿠가와에게 좋은 옷과 음식을 주며 살뜰하게 키운다. 항상 온화한 얼굴로 대하고 좋은 말로 다독인다.

그런 이마가와에게 누군가 묻는다. "인질로 잡혀온 아이를 왜 그토록 극진하게 대접하십니까?" 이에 이마가와는 다음과 같이 답한다. "사람을 키우는 데 가장 무자비한 방법은 일찍부터 미식(좋은 음식)을 시키고 여자를 안겨주는 일이라고 생각하지 않소? 이 두 가지를 주어 새끼 호랑이다 용이다 하면서 추켜세우면…" 이마가와는 어린 인질을 많이 잡아들여서 이런 방법으로 형편없는 사람으로 만들어버렸다.

좋은 음식과 좋은 옷을 입혀 나태해지도록 했고, 듣기 좋은 말과 달콤한 꾐으로 허영에 들뜨도록 부추겼다. 그렇게 성장한 아이들은 어른이 되어 자기 집안으로 돌아가도 집안을 이끌어나갈 능력을 발휘하지 못했다. 그 집안의 기둥이나 다름없는 아이들은 몸과 마음에 병이 들고 생각이 짧았으며 잠시의 고통과 시련에도 금세 무너져내렸다. 이마가와 요시모토는 전쟁을 치르지 않고도 인질로 삼았던 이웃 가문들을 쉽게 정복했고, 그렇게 자신의 세력을 늘려갔다.

도쿠가와 이에야스는 다행히도 어린 시절에 훌륭한 선생님의 가르침을 받을 수 있었는데, 오다 노부나가와의 운명적 만남 또한 그를 전혀 다른 길로 인도했다. 도쿠가와는 그런 경험을 통해 얻은 지혜를 어린 아들에게 이렇게 전한다. "네 일상의 행동은 부하들과 달라야 한다. 그렇지 않으면 머지않아 유능한 부하들을 모두 빼앗기게 될 게다. 부하들이 쌀밥을 먹거든 너는 보리밥을 먹도록 해라. 부하들이 아침에 일어나거든 너는 새벽에 일어나야 한다. 인내심도 절약도 부하를 능가해야 하고, 인정도 부하보다 많아야 비로소 마음으로 복종하며 너를 따르고 곁에서 떠나지 않게 된다. 우두머리로서의 수업은 엄격히 해야 하는 것이다."

도쿠가와 이에야스는 이마가와 요시모토와 전혀 다른 이야기를 아들에게 한다. 안 좋은 음식을 먹고, 더 불편하며, 더 인내할 것을 아들에게 가르친다. 그리고 실제로 자기 아들을 그렇게 키운다. 그 아들은 다시 자기 아들에게 같은 이야기를 해주었고, 자기 아버지가 그런 것처럼 아들을 키워냈다. 그렇게 해서 에도막부는 무려 264년을 굳건하게 버텨냈다. 그리고 일본이 근대화의 길을 걷는 초석을 굳건히 쌓았다.

삶의 문제를 해결할 능력이 있는 아이

도쿠가와 이에야스의 이야기는 아이를 키우는 데 중요한 시사점을 제공한다. 하나는 아이에게 좋은 것을 제공하는 것이 꼭 이롭지만은 않다는 사실이다. 다른 하나는 내가 부여하는 삶의 의미와 가치가 중요하다는 것이다. 비록 내가 처한 상황이 어렵더라도 그 상황을 어떻게 생각하는가가 중요하다. 대개의 부모는 내 아이가 물질적으로 풍요롭게 살기를 바란다. 그것을 위해 공부를 더 시키려 하고 많은 뒷받침을 해준다.

앞에서 아이에게 어린 시절부터 경제관념을 심어주어야 함을 강조했다. 풍족한 생활을 누리는 것은 바람직한 삶이다. 결코 나쁘지 않다. 하지만 풍요롭고 풍족한 삶의 전제는 올바른 생각과 정직한 관념이다. 아이가 누리는 물질적 풍요는 아이로 인한 것이 아니다. 경제력이 좋은 부모 덕분에 누리는 가외의 행운이다. 아이가 그 사실을 알아야 한다. 도쿠가와 이에야스는 인질 생활 동안 누리는 풍요로움이 누구로 인한 것인지 잘 알고 있었다. 자신을 붙잡고 있는 사람이 일부러 제공하는 사치임을 간파한 것이다.

부족함이 사람을 망치지는 않는다. 도리어 '차고 넘침'이 사람을 망친다. 아이는 어떤 것이 자기 노력으로 인한 것이고, 어떤 것이 남 덕분인지 알아야 한다. 부모의 부단한 노력과 성실함으로 인한 풍족함이 자신에게 미치고 있음을 알아야 한다. 비록 다른 아이보다 나은 경제적 혜택을 누리지 못한다 해도 자신을 위해 부모가 얼마나 최선을 다하고 있는지 깨닫도록 알려주자. 그것을 가르치는 것이 진정으로 부모가 해야 할 '노릇'이다.

더 나은 삶은 '손쉬운 삶'이거나 '물질로 해결되는 삶'이 아니다. 미국의 저명한 정신과 박사 스콧 펙Scott Peck이 말했다. "삶은 고해다. 이것은 위대한 진리다." 부모가 그동안의 경험을 통해 알고 있는 이 엄청난 진리를 아이도 깨달을 수 있도록 교육해주자. 자신의 삶을 이끌어 가는 것이 어렵고, 그만큼 다른 사람도 힘겹게 살아가고 있음을 이해할 수 있어야 한다. 그러면서 스스로의 부단한 노력과 바른 품성이 더 나은 삶과 연결된다는 점을 강조해 알려주자.

물론 삶이 힘들고 어렵지만 극복하고 해결해나가는 과정에서 기쁨과 성취, 만족을 얻을 수 있다는 것도 말해주어야 한다. 문제와 고통은 우리를 좌절시키기도 하지만 더 지혜롭고 용기 있는 사람으로 만들어준다. 문제 해결 과정에서 능력은 더 커지고, 더 성숙한 사람으로 자란다. 아이들을 문제와 역경을 피하지 않고 두려워하지 않으며 고통을 건설적으로 다루는 용기 있고 지혜로운 사람으로 키울 수 있다면, 아이들은 건강하고 독립적인 성인으로 자랄 수 있다.

어떻게 자라고 어떤 훈련을 받았는가는 실제 상황에서 더 유연하게 문제에 대처하고 해결할 수 있는 능력을 발휘하게 해준다. 부모의 역할은 아이가 스스로 깨닫고, 그 깨달음을 실천으로 옮길 수 있도록 돕는 것이다. 부모의 목표는 스스로 책임감을 가지고 자신의 일을 해낼 수 있는 아이로 키우는 데 있다. 다시 말해 자발성, 자기존중감, 자기신뢰감을 가진 아이로 키우는 것이다.

2000년 리안 감독이 연출한 〈와호장룡〉에는 청명검이라는 귀한 칼이 나온다. 장쯔이가 연기했던 여주인공 옥교룡은 자기를 아껴준 이모백(주윤발 분)을 배신하고 그가 가졌던 청명검을 훔쳐 달아난다. 청명검을 지닌 사람은 누구든 물리칠 수 있는 신비한 힘을 가졌기에 옥교룡은 청명검을 들고 이모백과 대결하지만, 그를 이겨내지 못한다. 그 장면에서 이모백이 옥교룡에게 이런 말을 한다. "청명검은 훌륭한 물건이다. 그런데 그 물건을 훌륭하게 하는 것은 쓰는 사람의 마음이다."

좋은 마음은 부단한 가르침을 통해 길러진다. 부단한 가르침은 아이가 스스로 깨닫게 하기 위해 필요하다. 그리고 깨달은 만큼 행동으로 이어져야 한다. 아이가 좋은 경험을 통해 자신과 자신의 주변을 돌아보고, 환경의 유리함이나 불리함을 넘어 스스로의 깨달음으로 한걸음 한걸음 나아가도록 만들어야 한다. 아무리 좋은 환경이 제공된다고 할지라도 아이가 그 가치를 깨닫지 못한다면 아무 의미도 없다. 좋은 환경은 도리어 아이를 더욱 게으르고 건방지고 어리석게 이끄는 촉매제가 될 뿐이라는 사실을 부모가 먼저 깨달아야 한다.

품격 있는 아이로 키우자

지인의 집에서 경험한 일이다. 그에게는 열 살짜리 딸이 하나 있는데, 그 집을 방문했더니 딸은 소파에 앉아 비쭉 얼굴을 내밀어 고개만 까딱이며 인사를 하는 둥 마는 둥 하더니 텔레비전으로 다시 시선을 돌려버렸다. "엄마, 나 아이스크림 좀 갖다줘!" 엄마가 냉장고에서 ○○콘 하나를 가져다주었는데, 아이는 고맙다는 말도 없이 포장을 뜯고는 이내 투덜거렸다. "이 위에 땅콩은 안 먹을 거야!" 엄마는 딸의 아이스크림을 받아들더니 부엌으로 가서 아이스크림 위에 뿌려진 땅콩을 긁어내기 시작했다. 그러고는 텔레비전에 눈을 고정한 채 손을 내미는 딸에게 아이스크림을 쥐어주었다.

12장에서 모차르트의 사례를 보았다. 모차르트의 아버지, 레오폴트는 아들을 매우 사랑했고 자랑스러워했다. "다섯 번째 생일을 하루 앞둔 1761년 1월 26일 저녁 9시 30분, 미뉴에트와 트리오를 30분 만에 다 익혔다." 아버지는 아이의 재능이 놀라웠고 그런 아이를 세상에 선보이고 싶었다. 레오폴트는 위대한 음악가가 되고 싶었지만 재능이 부족했고, 이제 천재 아들이 자신의 소원을 풀어주리라 믿었다. 천재 아들이 여섯 살 되던 무렵부터 유럽 각지를 돌며 연주 여행을 했다. 물론 그 아들은 모차르트 집안에 엄청난 명성과 돈을 가져다주었다.

모차르트는 어른이 되어서도 아버지의 손에 의지했다. 아버지는 모차르트가 결혼해서 잘 살 수 있을지 걱정이 많았고, 그래서 결혼에 반대했다. 하지만 모차르트는 자기보다 사치가 더 심한 콘스탄체와 결혼했고, 부부는 넉넉한 수입에도 불구하고 항상 빚에 쪼들렸다. 버는 족족 쓸모없는 사치품에 돈을 써버렸고, 돈이 모자라면 여기저기서 빌렸다.

아버지의 과보호 속에 모차르트는 '신동' '하늘이 내린 아이'로만 머물러 있었다. 연주 여행으로 어린 소년은 엄마와도 떨어져 지냈고, 성인이 되기 전에 엄마를 하늘나라로 떠나보낸다. 음악교육에 엄격했던 아버지였지만, 그 밖의 다른 교육에는 관심을 두지 않았다. 연주를 잘하는 신동을 흥미롭게 바라보는 어른들은 널려 있었지만, 모차르트가 성인으로 성장하는 방법을 가르쳐주는 어른은 주위에 없었다. 모차르트는 돈을 많이 벌었지만, 온갖 물건을 사들이고 사치스러운 생활에 돈을 흥청망청 써버렸다.

아버지는 아이가 뛰어난 음악가가 되기를 바랐고, 그의 소원대로 아이는 신동을 넘어 세계적인 음악가가 되었다. 사람들로부터 찬사를 받았고, 아버지 또한 아들로 유명해졌다. 하지만 모차르트는 사랑하는 여인과 결혼을 하고도 불행한 삶을 살았다. 그의 삶은 방탕과 사치로 점철되었고, 그것을 메우려 무리한 밤샘 작곡을 하다가 건강을 해쳤다. 아버지는 세계적인 음악가가 된 아들을 남기고 세상을 떠났다. 그렇게 아버지가 세상을 뜨고 나서 아들은 겨우 4년을 더 살았다. 그리고 그 아들은 어디에 묻혔는지 지금까지도 알 길이 없다.

위에 소개한 아이스크림 엄마와 딸 사연에 어떤 생각이 드는가? 모차르트 부자의 이야기는? 아이를 키우는 부모들에게 "아이를 잘 키우고 있는 것 같은가?"를 물으면, 대부분의 부모는 "잘 모르겠다!"는 답을 한다. 부모가 원하는 것은 모두 같다. "내 아이가 잘 컸으면 좋겠다." 그런데 '잘 컸으면'의 의미를 물으면, 역시 답은 "잘 모르겠다!"이다. 물론 정답이 없는 물음이기는 하다. 다른 아이에게 뒤떨어지지 않는 것? 아니면 다른 아이보다 앞서는 것? 부모는 자신이 가진 소망과 희망을 아이에게 투사한다. 자기가 하지 못했던, 이루지 못했던 것을 아이가 대신해주었으면 하고 바라는 것이다.

사회에서 인정하는 좋은 직업을 얻도록 만들어주는 것도 한 방법이다. 좋은 성적을 받고 좋은 학교에 진학해서 좋은 직장을 얻는 것은, 다른 사람이 보기에도 좋다. 그래서 남들이 보내는 학원에 반드시 보내야 하고, 다른 아이들이 공부할 때 내 아이도 공부해야 한다. 부모 입에서는 항상 "공부해!"라는 말이 자동적으로 나온다. "학원 언제 가니?" "애들이랑 놀 생각하지 말고, 다른 데 들르지 말고 곧장 집으로 와!" 잔소리가 이어지고 또 이어진다. 우리는 학벌사회, 경쟁사회에서 살아남기 위해 좋은 학교와 좋은 직장이 얼마나 중요한지 잘 안다.

하지만 어른이 되고 좀더 나이 들어 살다 보면, 좋은 학교 좋은 직장이 삶의 모든 것이 아니라는 사실을 깨닫는다. 많은 돈과 높은 지위는 우리를 윤택하게 만들지만, 살아가는 재미와 가치가 그것과 꼭 일치하지 않는다는 사실을 알게 된다. 아이가 세상이 인정하는 물질을 얻었지만 정작 '잘 컸는지'를 확신할 수 없는 경우도 많다. 누구나 부러워하는 '엄친아'지만, 그는 자신의 어린 시절을 부정하며 속이 새카맣게 타버린 어른이 되었을 수도 있다.

좋은 사람이 행복하다

아이도 공부를 열심히 해서 좋은 학교에 진학하기를 원한다. 다른 사람보다 앞서 있다는 우월한 느낌과 존중받는 감정을 바라기 때문이다. 그것을 바라지 않는 아이는 없다. 아이는 공부할 여건이 마련되면 공부를 한다. 그런데 그 여건이 반드시 좋은 학원과 탄탄한 경제력에서만 나오는 것은 아니다. 자긍심과 자존감이 아이를 잘 커나가도록 만들어준다. 긴 인생을 두고 볼 때, 좋은 학교 좋은 직장보다 더 중요한 것이 있다. 부모와 아이가 형성한 유대감, 그로부터 나오는 상호 존중과 상호 긍정이 부모와 아이를 행복한 길로 이끄는 데 훨씬 더 중요하다.

앞에서 소개한 아이스크림 딸은 공부를 꽤나 잘한다고 엄마가 항상 자랑이다. 지금과 같은 시절에 이 아이는 특목고에 진학하고 '엄친딸'로 주위의 부러움을 살 수도 있다. 그런데 이런 모습의 아이가 그렇게 부러운가? 어른이 와도 고개만 까딱한 채 인사하고, 엄마를 하녀 부리듯 부리며 그런 아이 앞에서 절절매는 엄마가 과연 좋아 보이는가?

누구나 그러하듯이 언젠가 재능이 막히는 순간이 온다. 인생의 곳곳에는 그런 늪이 존재한다. 재능마저 빛을 발하지 못하는 순간이 왔을 때, 우리는 무엇에 기대어 버틸 것인가 생각해보자. 20세기를 대표하는 첼리스트 파블로 카살스Pablo Casals는 "음악가는 인간일 뿐이며, 음악보다 더욱 중요한 것은 삶에 대한 태도"라고 말했다. 어차피 누구나 일류 대학을 가는 것도 아니고, 누구나 1등을 할 수도 없다. 대부분 평범한 삶 속에서 평범한 재능을 펼치며 살아간다. 결국 그 사람의 삶을 제대로 이끌어가는 힘은 그 사람이 가진 '태도'고 '자세'다. 삶을 대하는 그 사람의 '품격品格'이 제일 중요하다.

로마의 극작가이자 철학자이며 정치가로도 활약했던 세네카Seneca는 이런 말을 했다. "사람은 대개 자기의 운명을 스스로 만들어간다. 운명이란 외부에서 오는 것 같지만 알고 보면 자기 자신의 약한 마음, 게으른 마음, 성급한 버릇, 이런 것들이 결국 운명을 만든다. 어진 마음, 부지런한 습관, 남을 도와주는 마음, 이런 것들이야말로 좋은 운명을 여는 열쇠다. 운명은 용기 있는 사람 앞에서는 약하고 비겁한 사람 앞에서는 강하다." 내 인생을 훌륭하게 이끌어갈 열쇠는 내 안에 들어 있다. 그 사람이 가진 품격이 바로 그것이다.

'좋은 사람'으로 키우면 아이는 반드시 행복해진다. '가진 사람'으로 키우면 아이가 행복할지 불행할지 아무도 모른다. 주변에서는 지금도 아이를 가진 사람으로 키우라고 재촉한다. 많이 가져야 행복하다고 말한다. 일부는 진실이고 일부는 거짓이다. 하지만 "아이를 좋은 사람으로 키우면 그 아이는 행복해진다"는 말은 언제나 진실이다. 다른 사람에게 배려의 손을 내밀 줄 알고, 정중히 인사할 줄 알며, 주변을 살펴 몸을 낮출 줄 아는 사람은 행복하다. 일류 대학을 나와 좋은 직장에 다니지 않는다고 하더라도 사람들은 좋은 사람 곁에 모이고 머문다. 그런 사람을 인정해주고 사랑으로 받아준다.

품격은 자긍심과 자존감 그리고 자신감의 동의어다. 자기를 긍정하고 존중하며 믿는 사람이다. 다른 사람을 긍정하고 존중하며 믿어주는 사람이다. 품격 있는 아이로 기르기 위해서는 좋은 습관을 들이고, 바른 생각을 불어넣어주어야 한다. 바른 태도로 사람을 대하고, 바른 자세로 삶을 대하게 가르치자. '가진 것'은 언젠가 사라지지만 '좋은 것'은 항상 남는다. 가진 사람에게는 때로 얼굴이 찌푸려지지만, 좋은 사람은 항상 반가운 존재다. 이는 분명한 진실이다.

사랑과 신뢰로
우리는 계속 나아간다

어머니의 눈물에는 과학으로 분석할 수 없는 깊고 귀한 애정이 담겨 있다.
_ 과학자 마이클 패러데이

일방적인 사랑도 희생도 없다

'회복탄력성'이라는 아동심리학과 아동교육학에서 쓰기 시작한 용어가 있다. '크고 작은 시련이나 고난과 실패를 이겨내고 다시 튀어 오르는 긍정적인 힘'이 회복탄력성이다. 회복탄력성은 아기 때부터 부모와 아이 사이에 형성되는 '애착', 즉 '사랑'과 관련이 깊다. '애착 형성'이라는 용어는 아동교육 분야에서 많이 언급하는데, 부모와 아이 사이에 깊은 애착관계가 만들어지면 아이가 어려움에 처하거나 실패를 맛보더라도 잘 극복할 수 있다는 게 교육학자들의 주장이다. 부모와 긍정적이고 안정적인 애착관계가 형성된 아이는 새로운 과제에 도전하거나 어려운 상황에 처했을 때, 자신감과 자존감을 유지할 수 있다는 것이다.

학자들의 논의에도 불구하고, 우리는 부모와 자식 간에 애착 형성이나 회복탄력성과 거리가 먼 경우를 자주 본다. 애착 형성의 반대는 '애착 비非형성', 즉 애착이 만들어지지 않았다는 뜻으로 아이가 충분한 사랑을 받으며 자라지 못한 상태다. 하지만 부모의 깊은 애착에도 불구하고 오히려 아이가 바람직하게 자라지 못하는 경우도 종종 있다. 부모의 과도한 애착, 즉 과도한 집착이 불러온 불행한 경우다. 부모가 사랑이라는 이름으로 아이의 삶에 과도하게 개입하고, 부모의 뜻대로만 아이를 이끌었을 때 그렇다.

부모의 과도한 개입은 애착 비형성만큼이나 아이의 삶에 좋지 않은 영향을 끼친다. 사랑을 제대로 받지 않은 아이나 사랑이라는 명분 아래 과하게 부모에게 끌려다닌 아이나, 모두 회복탄력성이 부족함을 보이는 것으로 나타났다. 이렇듯 아이에게 과도하게 개입하는 현상을 일컬어 '부모의 과보호'라고 한다. 부모의 과보호로 인한 문제는 아동교육 및 아동심리와 관련된 연구를 통해 지속적으로 부각되어왔다. 다시 말해 사랑을 제대로 받지 못한 아이도 문제지만, 지금은 오히려 사랑이 과한 아이들에게서 문제 증상이 나타난다.

크리스 세그린Chris Segrin과 알레시아 워스지들로Alesia Woszidlo 등이 쓴 논문 〈부모의 과보호가 부모와 아이에게 끼치는 영향Parent and Child Traits Associated with Overparenting〉에서 부모의 과보호로 인한 문제를 다음과 같이 설명한다. "부모의 과보호는 대부분 부모의 걱정과 불안에서 시작되는데 과보호를 받은 자녀들은 부모처럼 걱정이 많거나, 자아도취가 심하거나, 이기적이고 나약하며, 자기통제력이 약하고 의존적이어서 대인관계에 문제가 많거나 문제 해결 능력이 부족하다." 세그린과 워스지들로가 지적하는 부모의 과보호로 인한 증상은 애착 비형성으로 나타나는 회복탄력성의 부족이라는 문제적 증상과 그대로 일치한다.

사랑이 부족한 아이는 자존감이 낮고 그래서 걱정이 많다. 그런데 과보호로 자란 아이도 그렇다. 과보호로 자란 아이는 자아도취가 심하다. 자아도취는 자기신뢰가 부족한 아이들에게 흔히 나타나는 증상으로 자신의 조그마한 성취에 금세 취해버리는 것이다. 사랑이 부족했던 아이도, 과보호로 자란 아이도 이기적이며 심성이 나약할 가능성이 무척 높다. 자존감과 자기신뢰가 낮은 아이들은 인내심도 없고 자기통제력도 떨어진다. 의존적이면서, 부족한 자신감과 자존감은 대인관계에 악영향을 끼칠 수밖에 없다. 또한 작은 시련이나 실패에도 좌절하고 이겨내는 힘과 의지가 부족한데, 즉 회복탄력성이 떨어지는 것이다.

한국 문화의 특성상 엄마들이 아이에게 기대를 많이 하고 과잉 밀착하는 경향을 보인다. 심한 입시 경쟁으로 사회 환경은 자녀의 행동을 통제하는 경향을 더욱 부추긴다. 그리고 어린이집과 유치원에서부터 시작된 부모 간의 경쟁은 아이가 대학교에 입학하는 순간, 더 나아가 취직하고 결혼하는 데까지 이어진다. 몸집이 커져서 도저히 아기

주머니에 넣을 수 없는 아이 캥거루를 안고 많은 부모 캥거루가 힘겨운 발을 떼는 상황이다. 힘겨운 발걸음이지만 부모는 이렇게 스스로를 위로하는지도 모른다. '내 아이만 행복하다면 이런 수고와 고통은 참을 수 있다!'

하지만 부모의 만족이 커질수록 아이의 불행이 커지는 현상이 한국사회의 문제다. 부모는 아이가 행복해질 수 있도록 이런저런 간섭을 하지만, 아이의 현재는 불행감으로 가득하다. 부모의 과잉 애착과 과보호는 도리어 아이에게 애착 비형성을 원하는 쪽으로 나아간다. 부모의 사랑이 아이에게 잘못된 선택을 불러오기도 하는데 실제로 부모의 과보호로 인한 문제를 다룬 많은 연구에 따르면, 과보호가 아동과 청소년 들의 불안감과 우울 및 공격성이나 문제 행동과 연관이 있다고 한다(김혜영[2000], 문유선·김도훈[2001], 송경섭[2006], 장은영·정성숙[2008], 정영숙·전숙영[2012] 등의 논문).

사랑이라는 이름의 욕심과 과잉

과보호나 과잉 애착을 보이는 부모들에게는 공통점이 있다. 그들의 반응은 다음과 같다. "내가 너를 어떻게 키웠는데!" "너를 위해서 내 모든 것을 바쳤어!" "다 너 잘되라고 한 건데 그 고마움도 모르다니!" 이에 대한 아이들의 반응은 이렇다. "부모님이 저를 얼마나 힘들게 키웠는지 알아요! 하지만 제가 원한 건 그런 게 아니에요!" "엄마가 남들에게 자랑하려고 그러는 거 아닌가요?" "숨이 막혀요." "이렇게 하고 나면 정말 행복해질까요?" 부모는 자신들의 경험을 통해 확신한다. "그럼, 이렇게 해야 행복해질 수 있어!"

스스로에게 솔직하게 물어보자. "숨 막혔던 학창 시절을 통해 행복과 기쁨을 얻었는가?" 물론 부모 입장에서 다른 아이보다 낫거나 최소한 부족해서는 안 된다는 의무감과 책임감을 느끼는 것은 당연하다. 그런데 그 의무감과 책임감이 너무 일방적이다. 모든 것을 아이만을 위해 쏟아붓는 일방적인 희생이다. 사랑이라는 이름을 붙였지만, 부모도 아이도 버거운 '짐'이 되어 무거운 발걸음을 내딛고 있기 때문이다. 그래서 많은 부모와 아이가 행복감이 아닌 불행감과 좌절감을 맛보는 것이다.

내 자식이기에 놓아버릴 수 없다. 내 자식이기에 잘되기를 바란다. 부모는 자식을 사랑으로 키운다. 다만 통속적으로 말해 누구는 좀더 돈을 들이고, 누구는 경제적으로 부족해 그만큼 돈을 들이지 못할 따름이다. 사랑의 크기도 무게도, 어떤 부모든 그리 큰 차이가 나지 않는다. 불행은 불만족에서, 타인과의 비교에서 온다. 부모의 과보호와 과잉 애착의 뿌리에는 이런 불만족과 비교가 도사리고 있다. 아이를 위해서라고 하지만, 실제는 나 자신의 자신감과 자존감 부족이 담겨 있는 것이다.

아이에 대한 집착과 아이를 향한 강요가 나를 불행하게 만드는 것은 아닌지 생각해보자. 자기신뢰가 부족한 것은 아닌지, 자기존중감을 잃은 것은 아닌지 돌아보아야 한다. 그로 인한 불안과 의심과 걱정이 사랑이라는 이름으로 아이에게 투사되고 있는 것은 아닌지 점검해야 한다. 불행감과 좌절감 그리고 불안감을 안고 나아갈 수는 없다.

부모만 불행해지는 것이 아니라, 아이도 불행해질 가능성이 높기 때문이다.

부모가 행복해야 아이도 행복해진다. 많은 것을 쏟아 아이를 키우는 것은 맞지만, 모든 것을 쏟아 키우는 것은 옳지 않다. 일방적인 희생은 좋은 결실을 얻지 못한다. 일방적인 사랑은 언젠가 본전 생각이 나고 억울함이 쌓이게 마련이다. 사랑으로 맺어진 인연을 원망과 서러움으로 변하게 만드는 것도 사랑일 수 있음을 기억하자. 부모의 사랑을 받아들일 여지를 아이에게 만들어주어야 한다. 아이에게서 돌아오는 사랑을 채울 공간을 만들어야 한다. 사랑이라는 이름의 욕심과 과잉은 조금 뒤로 물리고, 사랑이라는 이름의 틈과 여유를 부모와 아이 사이에 만들자.

자신의 문제를 해결하고 극복할 궁극적인 주체는 부모가 아니라 아이다. 아이 스스로의 성숙과 성장을 돕는 것이 부모의 역할이다. 문제를 스스로 해결할 수 있는 기회를 부모가 주어야 하고 아이는 얻어야 한다. 아이는 자신의 문제를 혼자서 풀어나가야 한다. 부모인 우리가 그토록 바라고 기대하는 것이 스스로 알아서 결정하고 행동하는 똑 부러진 아이 아니었던가? 아이가 언제나 부모의 일방적인 보살핌과 배려의 대상일 수만은 없다. 아이는 자신의 인생에 책임과 의무를 다해야 한다.

다른 아이도 내 자식만큼 귀한 존재다

동화 한 편을 소개한다. 제목은 〈전부를 준 아이〉다.

어느 추운 겨울날 발을 동동 구르며 유리창 밖에서 한참을 지켜보던 소녀가 보석가게 안으로 들어왔다. 밖에서 보았던 푸른 구슬 목걸이를 싸달라고 말하면서 "부모 없이 지금껏 나를 돌봐준 언니의 생일 선물이에요. 제 저금통 전부를 털었어요." 턱없이 부족한 돈이었지만 주인은 몰래 정가표를 떼어내고 예쁘게 포장해주었다. 다음 날 어느 여인이 가게로 찾아와 목걸이를 내놓으며 그 아이는 이걸 살 돈이 없었을 거라고 말한다. 주인은 "아닙니다. 그 소녀는 누구도 지불할 수 없는 아주 큰돈을 냈습니다. 자기가 가진 것 전부를 냈거든요. 사랑을 사랑으로 받아준 마음 말입니다"라고 말했다.

동화 속에 나오는 소녀와 보석가게 주인이 세상을 어떻게 가꾸어 가는지 살펴보자. 배려를 통해 이어진 그들의 마음이 또다른 사람들에게 이어질 거라는 기대가 들지 않는가? 물론 이들의 이런 행동과 마음이 세상을 천국의 화원처럼 아름답게 꾸미지 못할 수도 있다. 하지만 이런 사람들이 가꾸어가는 세상은 더 나쁜 길로 이어지지는 않을 것이다.

1955년 하와이 카우아이섬에서 태어난 신생아 833명을 대상으로 그들이 성인이 될 때까지 30년 이상을 추적하는 대규모 연구가 진행된 적이 있다. 전체 연구 대상 가운데 특히 열악한 환경에서 자란

201명을 추려 그들이 열여덟 살이 되었을 때의 모습을 추적 관찰했더니, 그중 3분의 1인 72명이 출생과 환경의 영향을 받지 않고 훌륭하게 성장한 것으로 나타났다. 그 원인을 분석해보니 그들에게는 어떤 상황에서도 무조건 믿어주고 편들어주며 응원해준 사람이 한 명 이상 있었다. 아프리카 속담에 이런 말이 있다. "한 아이를 키우려면 온 마을이 필요하다."

계속 강조했듯이, 아이의 편이 되어주고 아이가 하는 말을 들어주는 것이 매우 중요하다. 내 자식의 편을 들어주는 것은 너무 당연하다. 그런데 다른 사람도 내 아이 편을 들어준다면, 아이는 어떻게 될까? 내가 다른 아이의 편을 들어준다면, 그 아이는 어떻게 될까? 내가 다른 아이를 이해하고 말높이를 맞춰준다면, 그 아이와 그 부모는 어떤 마음을 가질까? 하와이에서의 연구처럼 당연히 내 아이도, 다른 아이도 훌륭하게 성장할 가능성이 높다.

내 아이를 먼저 챙기고, 내 아이에게 더 좋은 것을 주는 것은 인지상정이다. 다른 부모의 심정도 마찬가지다. 적어도 그런 서로의 심정을 이해할 수 있다. 그런데 내 아이가 잘 커나가기 위해서는 다른 아이도 잘 클 수 있는 여건과 환경이 필요하다는 사실을 기억해야 한다. 내가 아끼는 만큼은 아니라 할지라도, 다른 부모와 사람들이 내 아이를 배려하고 아껴주어야 잘 자랄 수 있다. 내가 남의 아이를 거칠게 바라보면, 다른 부모도 똑같이 한다. 내가 내 아이만 챙기면, 다른 부모도 자기 아이만 챙긴다.

동화처럼 살 수는 없다. 다른 부모와 그 아이의 삶에 끼어들 수도 없다. 다만 작은 이해와 배려가 내 아이를 더 안전하고 가치 있는 환경 속에 살 수 있게 만든다는 점을 기억하자. 내 아이를 좀더 나은 세상에서 잘 살도록 만드는 몇 가지 방법 중 하나는 다른 아이를 존중해 주는 일이다. 내가 다른 아이를 존중하면 그 부모도 내 아이를 존중한다. 타인으로부터 존중받는 아이는 나쁜 성품을 가진 아이로 자라나지 않는다. 그런 아이와 내 아이가 더불어 사는 세상은 좀더 따뜻한 세상일 것이 분명하다.

아이와 부모의 공통분모는 사랑이다

실제로 있었던 일이다. 부모에게서 심하게 학대당해 온몸이 마비되고 실어증에 걸린 어린 소녀가 병원으로 실려 왔다. 담당 간호사는 매일 "사랑한다. 애야"라고 말해주었다. 의사는 아이가 듣지 못하니 소용없는 일이라고 했지만, 간호사는 아이를 치료할 때마다 "잊지마, 나는 너를 사랑해"라고 말했다. 3주가 지나 아이는 움직일 수 있을 만큼 기력을 회복했다. 4주 후에는 말도 하고 웃기도 했다. 주치의마저 치료를 포기했던 소녀는 간호사의 사랑한다는 말을 들은 지 4주 만에 완전히 치유되었다. 노벨문학상 수상자 가브리엘 가르시아 마르케스가 전하는 이야기다.

백만 번에 한 번 있을까 말까 한 기적과 같은 이야기였다. 기적은 흔히 일어나지 않아서 기적이라 부른다. 그런데 눈여겨보지 않고 알려고 하지 않기에 기적을 기적이라 생각하지 않는 것이 의외로 많다. 앞에서 보듯 사랑이 기적이다. 통속적이라 할 수 있지만, 부모인 나와 내 아이가 이 세상에 함께할 수 있다는 것이 기적이다. 이 역시 우리가 눈여겨보지 않고 알려고 하지 않으며 그렇게 생각하지 않아서 그럴 뿐, 분명 기적이다.

　오랜 산통을 겪고 아기가 처음 세상에 나오던 순간이 엄마 아빠에게는 기적이었다. 수많은 사람이 아이를 낳았지만 정말로 내가 이렇게 예쁜 아기를 낳으리라 상상하지 못한 기적이었다. 그리고 그 아기를 안고서 우리는 이야기 속 간호사보다 백배 아니 만배 더 많이 "사랑한다"고 말해주었다. 간호사는 겨우 4주였지만, 나는 지금까지도 아이에게 사랑한다고 말한다. 우리 스스로 기적을 행하고 있는 것이다.

　그런 기적 속에 태어난 아이가 이렇게 묻는다. "내가 왜 엄마한테 그래야 하는데?" 내 답은 이렇다. "나는 네 엄마고 너는 내 딸이니까!" 아이는 또 이렇게 말한다. "아빠는 왜 자꾸 이래라저래라 간섭해?" 내 답변은 이렇다. "나는 네 아빠고 너는 내 아들이니까!" 반대로 언젠가 내가 아이에게 이렇게 말할지도 모르겠다. "내가 너한테 왜 그렇게 해줘야 하니?" 아이는 이렇게 답할 것이다. "나는 엄마 딸이니까!" "제 아버지시잖아요!" 그렇다. 나는 "엄마니까!" 나는 "아빠니까!" 그렇다. 걔네들은 "아들이니까!" "딸이니까!" 그렇다. 엄마, 아빠, 아들, 딸이라는 말이 우리를 이처럼 엮어서 영원히 흘러가고 있다. 이 또한 기적이다.

　부모와 자식은 서로서로 엮여 있다. 그 새끼줄의 이름은 사랑이다.

그 끊어지지 않는 동아줄이 사랑이다. 아이와 부모는 첫 시작점부터 함께 가는 동반자다. 엄마 입장에서는 더욱 그렇다. 아이가 세상에 나와 만나는 첫 번째 사람이 바로 엄마다. 그 어떤 존재도 엄마와 아이처럼 같은 시작점에서 함께 출발하지 않는다. 형제자매도, 부부도, 친구도, 그 누구도 엄마와 아이 같은 육체적이고 감정적인 연관관계를 맺고 시작하지 않는다. 엄마와 아이가 서로에게 집착하는 이유, 본능적인 그 이유가 바로 여기에 있다.

그런데 어느 시점부터 우리는 처음 부모와 아기로 서로를 맞이했던 그 순간을 잊고 살아간다. 물론 잊는 것이 당연하다. 아이와 함께하는 삶을 어찌 매순간 기적이라 느끼며 살아갈 수 있겠는가? 아이는 나를 흥분시키고 감격하게 만들었던 아기 때 모습과 점차 달라진다. 현실 속 커지는 불안감과 부담감 속에 아이에 대한 의무와 책임은 계속 커진다. 그런 와중에 아이가 저지르는 실수와 잘못은 나를 좌절로 이끈다. 아이의 뒤치다꺼리하는 내 삶이 이처럼 고달픈데, 어찌 기적이 생각나겠는가?

그런데 사랑은 공통분모다. 부모와 아이를 엮어주는 공통분모다. 공통분모를 만들기 위해서는 통분을 해야 한다. 같은 숫자의 값을 분자와 분모에 곱해 공통분모를 만든다. 서로 다른 두 분수의 분모를 같게 만들기 위해 새로운 숫자를 곱하는 것이다. 두 분수의 공통분모를 만드는 이유는 두 분수의 크기를 비교하기 위해서다. 누가 더 큰지 알려고, 그래서 서로를 더하고 빼기 쉽게 만들기 위해서다. 즉, 함께하기 힘든 두 숫자를 한데로 모으려고 공통분모로 만드는 것이다.

정확히 수학적으로 말한다면 공통분모 자체가 사랑은 아니다. 부모와 아이에게 새롭게 곱해진 숫자가 사랑이다. 전혀 다른 두 사람을 한데 묶어준 그 숫자가 사랑이며, 공통분모는 그 사랑으로 더욱 커진다. 또 그 사랑의 숫자는 부모와 아이가 가진 분자의 크기도 그만큼 커지게 만들어준다. 이 또한 기적이다. 서로를 같게 만들고 또한 크게 만들 수 있는 것은 수학이니까 가능하다. 가상의 숫자놀음에서나 가능하다. 그런데 가상이 아닌 현실에도 있다. 그것이 바로 부모와 아이의 사랑이다. 불가능한 일이 현실에서 이루어지기에 기적이다.

그런데도 많은 부모가 아이 때문에 괴로워한다. 때로는 '저 아이가 태어나지 않았다면 얼마나 좋았을까' 하는 몹쓸 생각까지도 한다. 이제 사랑이라는 단어는 온데간데없다. 지금 이 순간에는 기적이라는 말도 믿을 수 없다. 그런 경우에 이른다면 당신은 어떤 생각과 선택을 하겠는가? 더구나 아이는 학교와 학원에 얽매이거나 또는 게임과 친구에 휩싸여 부모인 나와 점점 멀어지고 있다. 아이는 내게 존중감을 보이지도 않고 매순간 짜증과 불만을 폭포수처럼 쏟아내기도 한다. 자질구레한 수고로움이 내 일상이고, 옆집 아이의 승승장구에 좌절하는 현실이 나를 더욱 지치게 만든다.

우리의 어린 시절로 돌아가보자. 나는 부모에게 어떤 아이였을까? 평범하고 때로는 사고뭉치였던 나를 우리 부모는 어떻게 간수했을까? 돌이켜보면, 지금 속을 썩이는 내 아이보다 내가 부모 가슴을 더 멍들게 하고 눈물 흘리게 하지 않았을까? 그때 부모가 했던 말 "너 같은 딸 한번 낳아봐라!" "너 닮은 아들 한번 키워봐라!" 이제야 그 말이 무슨 말인지 실감 나지 않는가? 그런데 당신이 아이였을 때, 부모님을 힘겹게 만들었던 그때, 당신은 부모에게 무엇을 바랐던가? 지금 당신의 아이가 바라는 그것을 바라고 있지는 않았을까? 그때 부모님은 당신을 어떻게 서운하게 만들었던가? 어떻게 윽박지르고 어떻게 좌절시켰나? 지금 당신이 아이에게 똑같이 윽박지르고 미움의 감정을 투사하고 있지는 않은가?

시간이 흘러 우리가 부모가 되었다. 그때는 내가 부모 마음을 시커멓게 태웠지만, 이제 결혼도 하고 아이를 낳으며 나름 제대로 커왔다. 지금은 내 부모처럼 속 썩어가며 사랑으로 아이를 키우고 있다. 내 부모 속은 내가 끓였고, 내 자식은 내 속을 끓이는 이런 순환이 자연스럽게 이어지는 것이다. 많은 부모가 아이와 심각한 상황으로 내몰린다. 멋대로 엇나가는 아이를 보며 다른 사람이 내 자식보다 더 낫다는 심정이 드는 부모도 많다. 하지만 당신이 이렇게 잘 자란 것처럼, 아이들도 나름 잘 자라 결혼하고 아이를 낳을 것이다. 그리고 그 아이는 또 자기 부모의 속을 끓일 것이다.

사랑의 또다른 의미는 기회와 믿음

여기서 사랑이라는 의미를 가진 다른 단어를 떠올려보자. 그 단어는 '기회'다. 우리는 어른으로 성장하면서 경험으로 안 것들이 있다. 사회가 우리에게 그리 호의적이지 않다는 사실. 내가 한 만큼만 주거나 아니면 오히려 덜 준다. 사회는 쉽사리 두세 번의 기회를 주지 않는다. 내가 좀더 성장하고 나아져서 잘하게 될 때까지 기다려주지도 않는다. 아이들도 우리 품을 떠나면 똑같이 그런 환경에 맞서야 한다. 그런 환경 속으로 부모는 아이를 떠나보내고, 냉혹하며 처절한 생존의 현장을 아이는 맛볼 것이다. 그러면서 어른으로 성장한다.

 부모이기에 우리는 아이에게 기회를 주어야 한다. 사회와 주변 사람들은 두 번의 기회를 주지 않지만, 나는 내 아이에게 여러 번의 기회를 주어야 한다. 아이가 뭔가에 도전하고 그것을 극복할 기회를 주어서 아이를 더욱 단단하게 만들어야 한다. 부모인 우리가 아이를 포기하거나 방치하면 안 된다. 알프레드 아들러는《알프레드 아들러, 교육을 말하다》에서 이렇게 말했다. "아이를 교육시키는 일에는 실천과 용기가 근본적으로 필요하다. 또한 상황이 어떠하더라도 아이가 좌절하지 않도록 할 길은 언제나 있다는 확고한 믿음도 반드시 필요하다"(《알프레드 아들러, 교육을 말하다》, 알프레드 아들러/김세영, 부글북스, 2015, 254쪽).

 한 아이가 놀이터에서 놀고 있다. 얼굴 가득 웃음을 머금고 그네를 타다가 미끄럼틀에 올라갔다가 내려온다. 그리고 벤치에 앉아 있는 누군가를 바라보며 더 크게 웃음 짓는다. 그 아이는 어린 시절의 당신이다. 당신이 바라보고 큰 웃음을 보내는 사람은 당신의 엄마 또는 아빠다. 아이는 자신을 지켜보는 엄마 아빠 덕분에 마음껏 놀 수 있다. 엄마와 아빠가 있다는 그 사실, 그 믿음이 아이를 웃음 짓게 만들고 신나게 뛰어놀게 한다. 아이는 나를 지켜보며 보호해줄 부모가 있다는 그 믿음을 근거로 즐거움과 행복감을 느끼며 놀이터를 신나게 돌아다닐 수 있는 것이다.

어느덧 아이가 나이를 먹으면서 서로를 지켜보며 믿음으로 함께했던 웃음과 미소를 잃어버렸다. 이제 어린 시절 부모와 나누었던 그 미소와 웃음이 정말 있었는지조차 가물가물하다. 나를 바라보고 보호해주던 따뜻한 부모의 눈길이 내 마음에서 사라져버린 지 오래다. 그런데 이제는 내가 부모가 되어 내 아이와 놀이터에 있다. 예전에 잃어버리고 가물가물했던 웃음과 미소를 다시 찾아 내 아이와 함께 나눈다. 마음속에 흔적만 남기고 옅어졌던 그 미소, 그 웃음, 그 신뢰가 부모가 되니 다시 나타난 것이다.

아이가 믿을 수 있는 최후의 보루가 부모다. 그렇게 사랑이라는 뜻을 가진 또다른 단어가 '믿음'이다. 나를 믿어주는 엄마와 아빠가 있기에 아이는 힘을 낸다. 그리고 아이는 나중에 결혼해 자기 아이를 낳고, 그 아이에게 믿음을 선물할 것이다. 사랑을 선물할 것이다.

시 한 편을 소개하면서 책을 마무리하겠다. 우리 부모가, 그리고 부모가 된 우리가 어떻게 사랑으로 아이를 키웠고 키우는지 보여주는 시다.

어머니, 꽃구경 가요.
제 등에 업히어 꽃구경 가요.

세상이 온통 꽃 핀 봄날
어머니 좋아라고
아들 등에 업혔네.

마을을 지나고
들을 지나고
산자락에 휘감겨
숲길이 짙어지자
아이구머니나
어머니는 그만 말을 잃었네.
봄구경 꽃구경 눈감아버리더니
한 움큼 한 움큼 솔잎을 따서
가는 길바닥에 뿌리며 가네.

어머니, 지금 뭐하시나요.
꽃구경은 안 하시고 뭐하시나요.
솔잎은 뿌려서 뭐하시나요.

아들아, 아들아, 내 아들아
너 혼자 돌아갈 길 걱정이구나.
산길 잃고 헤맬까 걱정이구나.

_《다른 하늘이 열릴 때》 가운데 〈따뜻한 봄날〉, 김형영, 문학과지성사, 1995, 42-43쪽

닫는 글
무엇을 줄까가 아니라 어떻게 떠나보낼까

아이를 키우며 부모는 이런 생각을 한다. "언제쯤이나?"

그리고 어느 순간 문득 이런 생각을 한다. "벌써 이렇게나?"

아이는 금방 자란다. 시간이 지나고 나서 느끼는 감정이 그렇다. 하지만 순간순간 아이와 함께한 시간은 무척 길다. 한 살 두 살, 아이가 자라며 부모에게 주는 기쁨은 남다르다. 모유를 먹으며 옹알거릴 때, 여기저기 기어 다니며 방글거릴 때, 걸음마를 떼고 엄마 아빠를 부르며 달려올 때, 우리는 아이의 성장에 흐뭇해했다. 하지만 다치지 않을까 노심초사하며 불안감도 컸고 아이의 성장만큼 부담감도 커진다. 그리고 유치원, 초등학교를 지나 중학교에 들어가면서 부모의 고민은 다시 새롭게 드러나 학교 성적, 친구들, 아이를 둘러싼 위험하거나 번잡스러운 환경은 우리를 한숨짓게 만든다.

휙 지나가는 시간, 또 그렇게 보이는 세월은 엄청난 사연과 복잡한 감정이 스쳐 지나간 흔적으로 가득하다. "아직도?"와 "벌써?"라는 시간적 간극이 부모가 겪어낸 감정적 상처를 상징적으로 보여준다. 아이의 성장에 대한 기대, 그 기대가 실현될 수 있을까 하는 근심이 교차하며 부모는 아이를 대신해서 상처를 보듬고 떠안는다. 아이들은 그 상처를 잘 알지 못하고 아이에게 상처를 보여줄 수도 없다. 부모는 시간이 흐르며 상처가 아물기를 기다릴 수밖에 없다. 하지만 감정적 상처이기에 그 트라우마는 부모의 마음속 깊게 자리 잡는다. 야속함과 미안함이 쌍을 이루면서 부모와 아이를 사로잡고 끝내 둘 사이에 깊은 골을 만들기도 한다.

부모와 아이는 원초적으로 맺어진 인연이기에 감정의 표출도 원초적이다. 상황과 조건이 좋을 때는 별문제 없지만, 여건이 어려워지면 감정의 원초성은 포악함을 드러내고야 만다. 아낌없던 사랑은 사라지고 어느 순간 원망과 아쉬움의 찌꺼기가 부모와 아이 사이를 떠다닌다. 물론 대부분의 부모와 아이는 극단적인 상황까지 이르지 않는다. 부모와 아이 각자가 일정 수준에서 감정적 정리를 하기 때문이다. 하지만 그와 동시에 부모와 아이 사이에 대화도 끊어지기 마련이다. 게다가 학교와 학원은 감정 정리와 대화 단절을 위한 좋은 기회를 제공한다.

더 심각한 문제가 있다. 오늘날 부모들이 아이를 가르칠 능력을 상실했다는 점이다. 생물학적 부모, 원초적 관계만이 부모와 아이를 지배한다. 그러면서도 부모는 아이에게, 아이는 부모에게 바라고 기대한다. '부모'라는 이유, '자식'이라는 이유가 그 모든 바람과 기대와 요구의 정당한 근거가 된다. 불과 몇 십 년 전만 하더라도 부모와 아이의 관계는 그렇지 않았다. 부모의 요구에는 아이의 반대급부가 있었다. 아이의 바람에는 부모의 현실적 요구조건이 따라붙었다. 아이는 금방 자라나 자신의 일을 척척 해냈다. 아이가 아이로 머물 수 있는 기간은 짧았고 금세 어른이 되고 부모가 되었다.

지금은 아이가 아이로 존재하는 기간이 너무 길다. 아이는 '아이'라는 신분으로 아주 오랜 기간을 지낸다. 아무런 대가도 치르지 않고 아이는 부모를 향해 이런저런 요구를 당당히 할 수 있다. 오로지 생물학적으로 내 부모 내 아이라는 이유가 이들의 거래관계를 지속시킨다. 더구나 부모는 돈을 대주는 물주가 되고, 아이는 그런 물주를 위한 장식품이 되는 경향이 있다. 부모에 대한 평가, 아이에 대한 평가가 지극히 저차원적으로 되어버렸다. '돈 많은 부모, 특목고 다니는 아이.' 부모와 아이를 평가하는 기준으로 남은 게 이것뿐이라 해도 과언이 아니다.

부모 노릇하기가 전에 비해 어려워진 이유는 분명하다. 오늘날 우리는 대체로 '생물학적 부모'로만 역할을 할 뿐, '사회학적 부모' 노릇이 멈춰버렸다. '낳아준 부모'지만 '키우고 길러낸 부모'로서의 역할이 축소되었다. 부모는 아이의 요구에 수동적으로 응하기만 하는 존재가 되어가고 있다. 아이에게 일을 통해 가르칠 노동의 윤리나 생활의 윤리가 하나도 없다. '밥상머리 교육'이라는 것도 분주하게 직장, 학교, 학원으로 향하는 부모와 아이에게는 가당치도 않은 말이다. 부모로서 능동적이고 적극적으로 할 수 있는 것이 많이 사라져버렸다. 불과 몇 십 년 사이에 '부모의 위기'가 닥쳐온 것이다.

세계적인 베스트셀러 《빵장수 야곱》을 쓴 노아 벤샤는 이런 말을 했다. "부모의 역할에서 가장 큰 도전은 자기 스스로가 자식들이 커서 되기를 바라는 그런 사람이 되어야 한다는 것이다." 노아 벤샤의 말은 생물학적 부모에서 벗어나 사회학적 부모가 되라는 충고다. 하지만 오늘날 대부분의 부모가 아이를 가르칠 능력을 상실한 것은 분명한 사실이다. 이제 남은 것은 부모가 가르칠 수 있는 것이 아니라, 부모가 취할 수 있는 태도와 마음가짐이다. 그나마 그것이 아이를 올바르게 키울 수 있는 기반이다.

올바르게 자란 아이가 올바른 부모가 되고, 그 부모가 다시 올바른 아이를 기를 가능성이 높다. 부모가 할 수 있는 몫이 줄어든 상황에서 부모에게 '올바르다'고 하는 것은 아이와 아이를 둘러싼 환경에 관한 이해와 대처 능력 여하를 말한다. 부모가 가진 생각과 마음과 태도와 자세가 마지막 남은 부모로서의 존재 능력이다. 현실에 기반을 둔 자기만의 원칙과 기준이 있어야 그나마 사회학적 부모로서의 가치를 입증할 수 있다. 앞에서 부모와 아이의 이런저런 걱정거리를 말했지만, 대부분의 아이들은 고맙게도 제 갈 길을 찾아 한걸음 한걸음 잘 나아가고 있다. 부모로서의 환상과 강박만 줄인다면 아이들은 더 잘 성장해갈 것이다.

부모와 아이가 걸어가는 길을 산 정상에 오르는 것에 비유했다. 아이 키우는 일은 갈수록 험해지는 높은 산에 오르는 것과 같다. 조금 전 힘들게 올랐던 고갯길은 산 중턱에서 내려다보면 평지나 다름없다. 조금 더 쉬운 길이 나오기를 바라지만 곧 깊은 골짜기가 나타나고 거친 절벽이 등장한다. 그러다 보면 손을 잡고 힘겹게 끌고 올라온 아이가 정상을 향해 이제는 홀로 올라야 하는 순간이 다가온다. 아이가 정상에 오르는 뒷모습을 잠시 지켜보다 부모는 길을 되짚어 하산해야 한다. 아이는 부모의 손을 놓고 자신이 가고자 하는 어른의 길로 접어들어야 한다. 언제까지 부모가 아이를 이끌 수 없다. 아이는 어른이 그리고 부모가 되어야 한다.

좋은 부모란 '무엇을 줄까'가 아니라, '어떻게 떠나보낼까'를 생각하는 부모다. 또한 좋은 부모란 산을 오르기 위해 필요한 물건을 바리바리 싸주는 부모가 아니다. 너무 많은 짐은 높은 산을 오르는 데 오히려 방해다. 꼭 필요한 것만 싸주면 된다. 산을 오르는 아이의 마음에 용기와 지혜의 짐을 얹혀주는 것이 좋은 부모다. 부모와 함께 산에 오르지만, 결국 정상에 이르는 길은 혼자 걷는 길임을 깨닫게 해야 한다. 좋은 부모는 앞장서서 가는 아이의 든든한 뒷모습을 바라보게 될 부모다. 앞에 서서 언제까지나 아이의 손을 이끌어줄 수 없음을 가르쳐주는 부모다.

무엇을 줄까를 생각하는 것과 어떻게 떠나보낼까를 생각하는 것은 엄청난 차이를 만든다. '주는 것'은 아이를 피동적으로 바라보는 것이고, '떠나보내는 것'은 능동적으로 바라보는 것이다. 아이를 아이로만 바라보는 것과 아이가 성장해 어른이 되는 모습을 바라보는 것의 차이다. 좋은 부모는 아이가 어떤 문제에도 부딪치지 않는 순조로운 삶을 살기를 바라지 않는다. 누구도 그렇게 살 수 없다. 부모는 아이에게 시련과 고통을 슬기롭게 극복하면서 살아갈 수 있는 능력, 스스로 삶을 의미 있게 이끌어갈 수 있는 능력을 기대하고 소망해야 한다.

  부모는 '현실적'이어야 한다. 나름의 현실적 원칙을 마음에 담고, 아이를 바라보는 관점이 좀더 냉정하고 단단해야 한다. 부모 자신의 삶과 아이의 삶이 균형을 이루어야 한다. 어쩔 수 없이 오랜 기간 아이를 부양하게 되었지만, 그것이 아이를 위한 종살이가 되어서는 안 된다. 부모가 행복하지 않은데 아이가 행복해질 수는 없다. 부모의 미안하고 죄스러운 마음은 아이를 위해 가져야 할 올바른 마음이 아니다. 아이는 부모가 생각하는 것보다 더 훌륭하게 살아갈 수 있다. 부모의 단단한 마음으로 아이는 더 단단하고 대단해질 수 있다. 부모도, 아이도, 그렇게 자신의 길을 뚜벅뚜벅 걸어가야 한다.

덧붙이는 글
미리 쓰는 편지

언젠가 아이는 부모인 우리에게 이렇게 따질지도 모른다.
"엄마 아빠가 내게 해준 게 뭐 있어?"
그럴 때 즉각 답하지 말고 편지를 써서 아이에게 주어보자.
(어쩌면 그럴 때를 대비해 미리 써두는 게 나을지도 모른다. 화가 치밀어 오르면 편지 쓸 생각도 나지 않을 테니까.)

엄마 아빠가 해준 게 뭐냐고 물었지? 그래, 네 말대로 해준 게 별로 없네. 미안하다. 대신 네가 우리에게 해준 게 너무 많다. 너는 우리에게 절대 잊을 수 없는 많은 것을 해주었어. 언제나 방실방실 웃음을 주었고, 예쁜 춤을 춰주었고, 꼭 껴안아주며 사랑한다고 말해주었지. 너는 사랑을 알게 해주었고 또 사랑을 주었지. 너무 고맙고 감사해. 많이 해주지 못해서 너무 미안하다. 앞으로 그 사랑에 보답할게. 사랑한다.

_ 사랑을 알게 해준 우리 딸(아들)에게 엄마가(아빠가)

아이에게 보내는 편지를 미리 써보세요.

나는 아이에게
미안해하지 않기로 했다

1판 1쇄 찍음 2017년 6월 12일
1판 1쇄 펴냄 2017년 6월 22일

지은이	이중천
펴낸이	이동준, 정재현
기획편집	전상희, 김소영
디자인	문성미
제작처	금강인쇄주식회사

펴낸곳	이룸북
출판등록	2014년 10월 17일 제2014-000294호
주소	06312 서울시 강남구 논현로 16길 4-3 이룸빌딩 5층
전화	02-424-2410(판매) 02-579-2410(편집)
전송	02-424-5006
전자우편	erumbook@erumenb.com
블로그	http://blog.naver.com/erum_book
포스트	http://post.naver.com/erum_book
페이스북	https://www.facebook.com/erumbook

ISBN 979-11-87303-13-8 03370

이룸북은 (주)이룸이앤비의 단행본 브랜드입니다.

이 책의 내용을 이용하려면 반드시 저작권자와 이룸북의 동의를 받아야 합니다.
이 도서의 국립중앙도서관 출판예정도서목록(CIP)은 서지정보유통지원시스템
홈페이지(http://seoji.nl.go.kr)와 국가자료공동목록시스템(http://www.nl.go.kr/kolisnet)에서
이용하실 수 있습니다. (CIP제어번호: CIP2017012606)